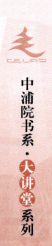

中浦院书系·大讲堂系列

智慧城市理论前沿与实践进展

zhihui chengshi lilun qianyan yu shijian jinzhan

楚天骄　编

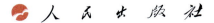

人民出版社

总　序

　　中国浦东干部学院（简称中浦院，英文名称为 China Executive Leadership Academy, Pudong, 英文缩写 CELAP）是由中共中央组织部直接管理，中共上海市委协助管理，地处上海市浦东新区的国家级干部教育培训机构。中共中央政治局委员、中央书记处书记、中共中央组织部部长兼任学院院长，中共上海市委副书记兼任学院第一副院长。学院 2003 年开始筹建，2005 年 3 月正式开学。习近平总书记要求学院"按照国际性、时代性和开放性要求，努力加强对学员进行马克思主义最新理论成果的教育，进行改革开放和社会主义现代化建设新鲜经验的教育，在帮助学员树立国际视野、提高执政能力方面更有特色"。学院坚持"党校姓党"的根本原则，紧紧围绕党和国家的工作大局，依托长三角地区丰富的革命传统资源、改革开放的实践案例和现代化建设的丰富实践资源，紧扣改革创新、走中国特色社会主义道路的"时代精神"这条主线，突出"国际性、时代性、开放性"的办学特色，坚持开门办学、开放办学，走出了一条现代化、高水平、具有自身特色和优势的培训新路，在国家级干部教育培训格局中发挥了重要的作用，得到广大干部学员的好评和社会的广泛认可。

"中浦院书系"是学院办学特色的重要载体，又是学院办学十几年来教学培训成果的重要展示。为适应干部教育培训改革创新的要求，学院在培训理念、培训内容、课程建设、教学方式方法等方面进行了一系列的新探索，形成了"忠诚教育、能力培养、行为训练"的教学布局。忠诚教育，就是坚持"党校姓党"的办学原则，突出党的理论教育和党性教育的主课主业地位，加强对学员进行党的理想信念教育、宗旨意识教育、法治思维教育、反腐倡廉教育，教育干部忠诚于党的事业，忠诚于国家和人民的利益，忠诚于领导者的使命和岗位职责。能力培养，就是坚持把马克思主义中国化最新理论成果与中国特色社会主义道路的实践探索紧密结合起来，紧扣改革开放现代化建设过程中中国经济社会发展的重点问题，着力培养广大干部领导现代化建设的本领。建院以来，学院一直围绕科学执政、民主执政、依法执政开展培训，着力增强领导干部推动科学发展、促进社会和谐的能力。把创新发展、协调发展、绿色发展、开放发展、共享发展的理念纳入培训重要内容，打造品牌课程；并在提升改革创新能力、公共服务能力、社会治理能力、国际交往能力、群众工作能力、应急管理能力、媒体应对能力方面形成了独具特色的系列课程体系。行为训练，就是通过必要的角色规范和行为方式训练，对领导干部进行岗位技能、行为品格、意志品质和心理素质的训练，比如民主决策方法、情绪控制方法、媒体应对技术等，通过采取近似实战特点的行为训练，提高学员的心理素质、工作技巧和岗位技能。

　　学院在办学实践中强调理论联系实际的马克思主义优良学风，强化需求导向、问题导向、实践导向，将马克思主义基本原理与中国改革开放现代化建设的实践紧密结合，注重回答广大干部关心的热点难点重点问题。学院运用现代培训理念与方法，依托新型媒体与现代化的信息技术等教学手段，灵活运用讲授式教学、现场体验式教学、案例式教学、研讨式教学、情景模拟式教学等多种教学方式方法，突出学员的主体性，充分调动学员内生的学习积极性与参与性，提高培训的针对性和实效性。

"中浦院书系"以党的十八大和十八届三中、四中、五中全会精神与习近平总书记系列重要讲话精神为指导，围绕"五位一体"总体布局和"四个全面"战略布局，落实"五大"发展理念，聚焦改革开放中的重大理论与现实问题，集中反映我国经济社会发展的新理论、新知识和新实践，及时回应广大干部和社会民众普遍关注的热点问题，既是对我国改革开放和现代化建设事业发展的实践梳理和经验总结，又是对我国经济社会发展重点、难点、焦点问题的理论探索和理性分析，对全面深化改革开放的实践具有一定的指导和借鉴意义，同时也为干部教育培训提供了重要的辅助教材。

"中浦院书系"包括了学院在教学科研过程中形成的四个系列。

大讲堂系列。按照"四个全面"战略布局，围绕"创新、协调、绿色、开放、共享"五大发展理念，聚焦深化改革开放、城镇化与城市现代化、金融改革与现代企业管理、区域协调发展等五大系列品牌班次所开设的精彩讲座课程进行专题整理，形成了《改革开放实践与中国特色社会主义理论体系》《科学发展观的理论与实践》《创新驱动发展：理论与实践》《城市经济结构战略性调整》《产业经济的发展与创新》《金融改革与风险防范》《运用现代金融，促进经济发展》《国企改革与发展》《区域协调发展的理论与实践》《城镇化与城乡发展一体化》《城乡统筹与农村改革发展》《智慧城市与城市现代化》《资源节约型、环境友好型社会建设》《生态文明建设》《"一带一路"与对外开放》《中国特色的自贸区建设》《企业国际化中的政府行为、企业策略和市场机制》《城市文化发展》《政府职能转变与社会和谐发展》《加强社会建设和创新社会管理》《全面推进法治建设》《党建改革与创新》等 30 个专题。学院实行"开门办学，开放办学"，坚持"专兼结合、以兼为主"的原则，从国内外选聘具有丰富领导经验的中高级领导干部、具有较高学术造诣的专家学者以及具有丰富管理经验的企业家作为学院的兼职教师，尤其注重聘请那些在改革开放与现代化建设过程中干过事情、干好事情的人来培训正在干事情的人，把改革开放、现代化建设的实践素材转变为教材、实践者转化为授课者、实践地转化为授课地。注重把党性教育与专业化能力培养、理论教育与中国特色社会主义鲜活实践紧密结合起来。目前，学院已形成1000余人的相对稳定、不断优化的兼职教师队伍，成为学院培训的主力军。大讲堂系列所选入的专题讲座，是部分专兼职教师的精彩演讲，这些讲座内容不仅对广大领导干部的学习具有参考价值，而且对那些关注当代中国社会热点问题的人也有启发作用。

案例系列。建院十一年来，学院非常重视开发、利用、积累鲜活的和富有中国特色的案例，把案例开发和教学紧密结合起来，形成了案例开发与应用的新机制。学院通过公开招标，设立了十多个教学案例研究开发课题，并将案例及时运用到教学中去，"危机决策流程模拟"等一批案例教学课程受到学员欢迎。2009年以来，学院设立了"改革开放经典案例研究"专题项目、"基层党建优秀案例征集与评奖活动"，2012年又启动了"科学发展观案例"的收集与整理。学院采取与社会各方面力量合作的方式，进一步丰富了教学案例，形成了中浦院特色的案例教学模式和干部教育的教学案例库。目前已经完成了包括《科学决策案例》《高效执行案例》《沟通艺术案例》《组织文化案例》《组织变革案例》《危机管理案例》《教育培训案例》《心理调适案例》《书记抓党建典型案例》等九本案例集。

论坛系列。学院从创办以来就非常重视论坛发挥融智、创智的重要作用，注重论坛的开放式、高端化、国际化，邀请国内国际著名机构合作举办专题论坛，并纳入教学安排中，整建制地组织契合论坛主题的专题研讨班参加论坛，并邀请学员进行主题发言和研讨交流，开创了独特的论坛式教学，得到了广大干部的好评和社会的广泛认可。自2005年建院至今，学院举办了大大小小论坛近百次，邀请了60多个国家和地区的各界专家近千人，就国内外政治、经济、社会、文化问题进行深入的交流研讨，为政府决策提供智力支持。目前，我们已经打造了在国内外产生较大影响、具有良好声誉的论坛，如中国新加坡高层论坛、中浦国际领导学论坛、中浦长三角高层论坛、中浦金融论坛、中浦"一带一路"（自贸区）论坛等。此次集结出版的是代表性论坛的收录文章和讨论成果，目的就是凝聚共识，传播卓识。

研究报告系列。研究是提升办学质量与学院可持续发展的重要支撑。从创办以来，学院就以建设研究型创新型的学院为目标，提出了"科研支撑和服务教学"的发展战略，倡导"教学出题目，科研做文章，成果进课堂"的理念。学院成立10多个科研平台服务教学培训，重视"双师型"队伍建设，强调教师不仅要重视学科专业的发展，提升教学科研水平，同时作为一位培训师还要重视干部培训规律和干部成长规律的研究，并将专业研究成果和培训规律研究成果转化为教学培训内容。鼓励广大管理人员以教学为中心，深入一线，紧紧围绕学院发展战略、教学培训管理科学化、培训质量水平提升、核心竞争力培育等等开展常规工作的研究。学院长期对中国干部教育培训开展规律性研究和理论探索、实践创新，形成了目前国内独特的干部教育学学科，创办了具有一定影响的《干部教育培训研究》刊物，培养了一批具有一定理论基础、丰富实践经验、探索创新精神的干部教育培训研究队伍，在中国干部教育培训理论研究领域与实践创新领域产生了一定影响，为学院走在干部教育改革创新的前沿阵地提供了可持续的动力和支撑。研究报告系列包括《中国领导学研究（2006—2008）》《中国领导学研究（2009—2013）》《中国干部教育培训发展报告·2009》《干部教育培训改革与创新研究》《中国干部教育培训研究年度报告》等等。这些研究报告是我们追踪领导学、干部教育学学术前沿，进行理论探索与实践探索的结晶。

总之，"中浦院书系"充分体现了学院"国际性、时代性、开放性"办学特色，是中国浦东干部学院办学11年成果的集中展示。参与"书系"编写工作的不仅仅是学院的教研人员，而且包括学院的学员、兼职老师以及社会各界关心学院发展的领导、学者和实践者，他们为书系的出版做了大量工作，不能一一列举，在此一并致谢。这项工程也得到了人民出版社领导、编辑的大力支持，他们为"书系"出版付出了辛勤的劳动，在此表示衷心的感谢。

中国浦东干部学院常务副院长　周仲飞

2016 年 3 月

　　站在中浦院大讲堂上的，是一批从国内外选聘的具有丰富领寻经验的政府官员、具有较高学术造诣的专家学者、具有丰富管理经验的知名企业家以及为我国经济社会发展作出突出贡献的先进模范人物。目前学院已形成了 1000 余人的相对稳定、不断优化的兼职教师队伍，30% 左右的讲座课程由兼职教师担任。正是这些专家型的领导和领导型的专家，在中国浦东干部学院这个创新型干部教育培训院校的大讲台上，展现了他们对推动科学发展和构建和谐社会的高度关注、深度思考、积极探索和实践结晶，其中部分精彩演讲汇集成了这套"中浦院书系·大讲堂系列"丛书。

　　"中浦院书系·大讲堂系列"丛书围绕改革开放进程中钓重大理论与现实问题，特别是党的十八大以来重要战略部署与中心工作，集中反映了我国经济社会发展的新理论、新知识和新实践。丛书涉及中国特色社会主义理论、科学发展的问题与实践、经济结构战略性调整、创新驱动发展、城镇化与城乡发展一体化、全面提升开放型经济水平、产业经济发展与创新、金融改革与风险防范、国企改革与发展、生态文明建设、社会建设和创新社会管理、党建改革与创新、公共事件处置、媒体沟通、领导力提升、干部教育培训的改革与创新等 28 个专题，既是对我国改革开放和现代化建设事业发展的实践梳理和经验总结，又是对我国经济社会发展重点、难点、焦点问题的理论探索和理性分析，对今后全面深化改革开放的实践活动具有一定的指导和借鉴意义，同时也为干部教育培训提供了非常珍贵和重要的辅助教材。

"中浦院书系·大讲堂系列"中的每一个专题和每一篇文稿，都是根据演讲人的现场录音整理出来的，因此具有较强的可读性。阅读其中的段落和文字，就如同坐在中浦院的教室里，倾听大师、领导、专家和先进模范人物们娓娓道来，体会他们的真情实感，聆听他们的真知灼见，感受他们的深度思考，学习他们的实践经验。

感谢曾经站在中浦大讲堂上的每一位领导、专家和战斗在一线的实践者，感谢他们为我国干部教育培训事业作出的贡献。特别要感谢人民出版社为出版此套系列丛书作出了大量的卓有成效的努力。

丛书中如有不当之处，敬请批评指正。

中国浦东干部学院常务副院长　冯　俊

2014 年 1 月

目 录

中浦院书系·六讲堂系列

新型城镇化从概念到行动

——如何应对我国面临的危机与挑战

仇保兴

演讲时间：2015 年 4 月 12 日

作者简历：原住房和城乡建设部副部长，现任国务院参事。高级规划师，经济学、工学博士。曾担任浙江省乐清县县委书记、金华市市委书记、杭州市市长等职。仇保兴是城市规划建设方面的著名专家。曾作为访问学者在美国哈佛大学参与相关项目的研究。现兼任同济大学、中国人民大学、天津大学、中国社会科学院博士生导师，清华、北大、南大、浙大、复旦和英国卡迪夫等大学的兼职或客座教授。著有多部专著，其中《和谐与创新——快速城镇化进程中的问题、危机与对策》和《中国城镇化进程中的城市规划变革》等著作已被翻译成英文在海外出版发行。

内容提要：作者将自己从事城市管理和城市规划管理的工作经验同城市相关学科的理论思考相结合，系统阐述了新型城镇化与传统的城镇化之六个方面的区别，并提出新型城镇化应该实现六个方面的转变，即从城市优先发展到城乡互补协调发展、从高能耗到低能耗、从数量增长性城镇化到公共质量型城镇化、从高环境冲击型城镇化到低环境冲击型城镇化、从放任式机动化到集约式机动化、从少数人先富的城镇化到社会和谐的城镇化。这演讲对中国城镇化中的问题进行了深刻的剖析，并明确指出了走新型城镇化之路的实践路径。

很高兴有这个机会跟中国浦东干部学院的学员们一起交流新型城镇化。2014 年 3 月出台的《国家新型城镇化规划（2014—2020 年）》，我参加这个规划的编制长达一年多时间。那么，新型城镇化跟传统的城镇化到底什么区别？

　　我认为有六个方面的区别。

　　第一个区别，传统的城镇化实际上是一个城市优先发展、农村处在被动状况的城镇化的过程；而新型城镇化是城乡协调发展，城市跟乡村都是主动的。

　　第二个区别，传统的城镇化是高能耗的建筑为主体的城镇化；新型城镇化是低能耗的建筑为主体的城镇化过程。

　　第三个区别，传统的城镇化是数量增长型城镇化；但新型城镇化一定要追求城镇化的质量，尤其注意城市的公共环境质量的提高。

　　第四个区别，传统的城镇化是一种高环境冲击型城镇化，也就是先污染后治理；但是新型城镇化就是一种低环境冲击型城镇化。

　　第五个区别，传统的城镇化是以一种放任式的机动化来引领城镇化，所谓机动化就是小车进入家庭；但是新型城镇化必须是节约型的城镇化。

　　第六个区别，传统的城镇化是少数人先富带后富的城镇化，而新型城镇化一定是追求社会和谐、社会公平的城镇化。

一、从城市优先发展到城乡互补协调发展

　　怎么样从城市优先发展的城镇化转向城乡互补协调发展的城镇化？要正确理解我国的三农问题。

（一）理解我国三农问题的若干要点

1.农村与城市有各自不同的发展规律，历史上看，凡是用城市发展规律取代农村农业发展自身规律时，三农问题就趋于恶化。

城市与农村有着不同的发展规律，从历史上来看，凡是用城市的发展规律，或者工业的发展规律取代农村农业的发展规律的时候，我们国家的三农问题就恶化，这类错误我们最容易犯，因为决策者就在城市里，许多决策者搞过工业，但他们并不了解农业。之所以犯错误就是我们经常用城市眼光来看待农村农业，在农村瞎指挥，造成了三农问题的恶化。

2.由于我国的特殊国情，不能盲目地将现代农业建立在化学农业、能源农业的基础上。

我国国情是人多地少，不能盲目地将农业现代化建立在化学农业或者能源农业的基础上，简单说我们绝不能片面地执行土地规模经营。

前段时间中央开了一次会议讨论农业问题，其中一个问题就是化肥农药使用过量。我国化肥农药使用量比发达国家高两到三倍，造成了土地板结、水体污染。我有的时候开玩笑，跟电视台的领导说，你们经常误导我们的基层干部。他问此话怎说，我说你看每到讲到农业现代化，电视台的画面上出现的是一望无际的麦田，麦浪滚滚，几台大型收割机在徐徐前进，天上偶尔飞来几架飞机喷撒着农药，这就是农业现代化。就是这些文人想象的农业现代化误导了多少干部。我们国家人多地少，又不是美国那样地大物博的新大陆国家，我们是真正农耕文明历史悠久的国家，所以我们国的农业现代化应该走法国、比利时、荷兰等国家式的道路，而不是走美国、加拿大、澳大利亚那种新大陆国家的道路。

3.城乡一体化发展不能搞成"一样化"发展，而要追求两者差异化互补协调发展。

城乡一体化绝不能搞成"一样化"，而是要追求城乡两者差异化、互补协调发展，只有差异才能互补，只有互补才能协调发展，这一点非常重要。习总书记就提出来我们要反对城乡一律化，也是指的城乡一样化发展。

那么为什么有这样的结论呢？我们从世界上几种城乡发展的模式来进行分析。

（二）先行国家各种城乡发展模式的利弊

1. 城乡相互封闭式发展模式

第一种模式是城乡相互封闭式发展的模式，美国的伯克利大学专门有人研究这种模式。研究者认为，城市在发展过程中，就会像一个魔鬼那样，表现得非常强势，把乡村干净的土、森林、植被吞到自己肚子里，拉出来就是乌烟瘴气的城市。既然城市在发展过程中会对乡村造成伤害，那么未来在城镇化过程中要使乡村保持它的繁荣和生态平衡，就必须在城乡之间筑起一个体制的栏杆。

这种想法逻辑上很准确，但是实践上没有成功过。比方说苏联搞了七十多年的集体农庄跟城市体制隔离，我们国家搞了四十年的城乡分割体制都没有成功，这说明城市跟乡村是应该融合的，但是这种融合不是一样化的合并。

2. 城市优先发展模式

第二种模式是城市优先发展的模式。就是城市表现得非常强势，甚至有的经济学家说，最好一个国家的城镇化全部发展大城市。为了支持他的观点，他还统计资料来说明大城市人均 GDP 高，人均创新力强，人均引进资本数量占绝对优势，等等，城市越大效益越高。所以说我们两年前编制的新型城镇化规划中，就有人提出了我们国家最好是搞几个大城市群，把乡村、集镇统统吸收了，这样耕地最节约，土地利用率更高。这种模式其实被拉美国家和先行的发展中国家早就证明了是失败的。拉美和南亚非洲这些国家的领导人和决策者实际上都是欧美这些国家的名校培养出来的，他们遵循的就是新自由主义政策，土地要私有化、城市要大规模化、经济要外向化、政治要民主化、金融要自由化，结果就是农民从土地里面过早地撤出，把土地一卖了之，然后举家迁到城市里来。但是城市容纳不了那么多的劳动力，这些进城农民非常贫困，在城市的边缘搭一个贫民窟住下来。联合国人居署 2005 年年度报告就用贫民窟来命名，这个年度报告中有 100 多个专家在全世界进行历时五年的调查，得出一个结论，凡是用新自由主义作为治国方略的这些国家，都出现了严重的城市病，这些国家城市的人口有超过 50% 其实是住在贫民窟里的。如果一个国家、一个城市有百分之五六十的人住在贫民窟里面，那就没有任何投资环境可言。再加上农民过早把土地撤出来，土地被大地主兼并，例如阿根廷一个地主拥有的土地竟然会超过州政府管辖的范围！农民在城市里混不下去，要回到乡镇去找他原来的土地耕作的时候，地主就组织快枪队来捍卫他的土地，当年就打死了 72 个人。所以阿根廷左翼联盟就提出来要进行修宪，要推行土地革命，但不可能成功。阿根廷这个国家，原来曾经是世界第八大强国，现在远远落在我们中国后面，原因就是政策方针错了，从强国变为三流国家。

3. 城乡同质化发展模式

第三种模式是城乡同质化发展模式——城市跟乡村一样，最典型就是美国。在美国开车，过了一个城镇还是城镇，绵绵不断皆是城镇，城市的空间密度很低。美国城镇化过程的特征就是城市化伴随着机动化小车进入家庭。小车一旦进入家庭，百分之三十以上的人拥有小汽车的话，空间迁移的选择权就大大增加了，这个时候就会出现城市蔓延，如果这个时候正好是在城镇化的过程中，那么整个城市化演变成车轮上的城镇化。美国就遇到了这种情况。

这个模式在中国肯定是行不通的。如果中国实行这样的模式的话，有人曾经做过统计，中国需要所有的耕地全部拿出来做停车场，做城市发展用地，还不够，还需要两个半地球上的能源资源来供应一个中国的发展。所以，这个模式肯定行不通。

4. 城乡差别化协调发展模式

只有第四种模式，可以解决中国的城镇化问题，那就是城乡差别化的协调发展模式。这种模式主要出现在法国、比利时、荷兰和日本这些国家。这些国家有一个共同特点，就是它的村庄空间布局基本不变。像法国建设部的副部长说，法国城镇化过程基本完成之后，自然村庄有三十五万个基本保持不变。我当时很惊讶，我说你们法国经历过一次世界大战、二次世界大战，人多地少，怎么会出现保持不变的村庄总数？况且你法国还有很重的遗产税。他说，我们法国正因为有很重的遗产税，有许多人就把自己房子放弃了，造成了 16 个村庄变成无人村庄。但是这些无人村庄就委托省政府做文化遗产管理，如果地下发现矿藏，或者说发现市场需求，就可以把这个村庄拿来拍卖。去年在 eBay 网就卖了一个只有两户人家的自然村庄，底价 35 万欧元，最后拍到 87 万欧元。

法国这种模式值得中国学习的是什么？法国绝大多数地区走的是精品化、绿色化、高价值化的现代农业发展道路。法国人口不多，跟我们的一个省差不多大小和人口数量，但是居然有 25 种农产品是世界上产值最高的。法国除了在靠近英国这一带发展粮食，人均耕作的土地面积比较大以外，其他任何一个地区的土地经营面积都很小。比方说，波尔多是法国著名的葡萄产区，只有一千多平方公里，就我们一个县的规模，但是居然有一万多家葡萄酒庄，平均每一家葡萄酒庄的土地面积不到百亩。在法国，以村庄命名的葡萄酒都是最好的葡萄酒，以村庄命名的香槟酒都是最好的香槟酒，以村庄命名的奶酪都是顶级奶酪，大多数著名品牌的优质农产品都是跟村庄联系在一起的。所以，到了法国我们不要忘记，法国的乡村是非常值得旅游的。我问法国的农夫，你们现在担心什么，满意什么？他们说我对自己的生活很满意，因为收入很高。法国的农民与市民的收入比为 1∶1.3，我国是 1∶3.3，世界比例水平是 1∶1.5，法国城乡发展是很均衡的。那么法国农民有什么担忧呢？他们现在唯一担忧的，因为日子比较好过，实际收入也好，环境好，担心这样好的优越的环境，引起城市里人的嫉妒，纷纷住到他们乡下来，干扰他们平静的生活。你看法国这些农村，几百年以来农村的村庄结构不变，房子仍然是中世纪的外貌，里面的装潢都是非常现代化的，每个村庄里面有一个教堂，城乡非常和谐。所以，这一条道路是很值得我们学习的。习总书记去欧盟访问荷兰、比利时，这些国家的农业跟法国是一脉相承的，就是单户土地规模小，不是追求土地规模经营，而是社会化服务的规模经营，但是农产品的产值非常高，优良品种高产值绿色发展，第一产业和第三产业结合发展，这个模式很值得我们学习。

总结这四个模式可以看出，城乡经济社会的一体化，实际上是公共财政投资的均等化，而不是把农村都变成城市，并不是追求城乡一样化、一律化，中央三番五次强调不能这样做。城乡经济社会一体化发展，是要按照社会主义新农村建设要求，走城乡差别化协调发展道路。建设社会主义新农村的提出，建立起人与自然和谐相处的农业和农村发展新模式，即生态文明时代农业现代化路径的必然选择。

现代城市规划的奠基人英国人霍华德在一百多年前总结了英国两百年的城镇化过程的利和弊，写了一本书叫《田园城市：通向明天的和平之路》。他在这本书中写到，农村跟城市应该像夫妇一般结合，才能萌生出新的希望、新的文明形式。这本书现在作为现代城市规划学的奠基之作，我们的学生必须读这本书。但是我们有些干部不这样想，也不这样做，将城乡关系变成"同性相斥"了。

（三）当前农村规划建设中的主要问题

1.问题之一：盲目撤并村庄，片面理解城镇化

（1）忽视了农业生产的特性

我们没有汲取英国一百多年前的教训，盲目地拆并村庄，片面理解

城镇化。很多地方就是把农民的村庄一拆，强迫农民住到新社区中，结果现场一调查，从事农业生产所需要的农机具、粮食、肥料、种子没地方堆，农民要跑十几里路云种地。之所以出现这样的现象，是决策者不知道农业的生产特征就是要就近就地进行循环，把农业等同于工业，将使务农的成本大大提高，使农业的循环经济特点被破坏掉。

（2）忽视了庭院经济的收益

决策者不了解，在偏远地区，农民屋前屋后的零星土地，单位面积的产出比大田高两到三倍，所以屋前屋后的土地从来不闲置。如果农民要出去打工，就在房前屋后种上树，到回来的时候房子就被茂密的小果树围绕着。也就是说农民没有闲地。城里人想了一个建设用地增减挂钩，认为农村零散的宅基地都是废地，就想通过村庄的合并整合成大块的土地，这种做法对耕地保护、对农产品的生产、对农业的就近循环都没有好处。

再说说自然村落的问题。自然村庄有六大功能：

第一，民族的宝贵遗产，不可再生的、潜在的旅游资源。我们有许多自然村落实际上就是民族文化的遗产，它是不可再生的。法国人就告诉过我们，城镇化率越过50%以后，乡村旅游潮就兴起了。现在法国40%—50%的旅游收入是乡村旅游获得。

第二，维持传统农业循环经济特征的有效载体。

第三，通过农村旅游，"一村一品"，发展现代农业的基础。本来，通过农村的旅游发展，把"一村一品"做起来，增加农民收入。如果自然村庄都没有了，哪还有什么"一村一品"？比如说，浙江省最好的龙井茶是狮峰龙井，最好的莲子叫宣莲，最好的火腿叫蒋村火腿……中国大地上涌现出许许多多被历代称为贡品的优质的农副产品，这些好东西随着自然村庄的拆并，很可能都会消失。

第四,五千万散布在世界各地华侨和数千万港澳台同胞的文化之根。美国的前能源部部长朱棣文获得了诺贝尔奖，后来他回国，我陪中央领导一起去见他，领导递给他一本《朱氏家谱》，他眼泪都流出来了。他坦率地说，他得了诺贝尔奖，成了美国能源部部长，冥冥之中是祖先在保佑着他。所以他回来，回到南方的一个小山村寻根祭祖。要是这个小山村被拆并了，如果说这些人要回来祭祖，那个村现在被并为某某某城市社区，祠堂也没有了，祖坟也被铲平了，那么这个文化软实力也就没有了，对不对？

第五，国土保全的有力屏障。我们有些省更犯了错误了，说我们国家有上万个海岛，提出来小岛并大岛，差岛回大陆，关心群众生活。但是他们不知道，按照《国际海洋法》，这个小岛有人住过的，延伸十二海里就是法定的领海，再延伸两百海里是专属经济区。小岛并大岛了，那些远离大陆的小岛没人住了，就会有建筑公司认为这个石头可以开采，一旦开采了，这个岛就没有了，相应的，十二海里领海、两百海里的专属经济区就往里退了。所以这是一件多么荒唐的事情。在许多发达的国家，都有一个国土保全法，越是那些边远的小岛越是国界深山，越是鼓励人居住在那里，给居民一定的补贴。我们还把居民撤回来，这是不是很荒唐的事？

2. 问题之二：盲目对民居统一改造，忽视村镇基础设施建设

（1）忽视农民建房的积木式过程

农民建房子就是一个积木式的过程，有钱了他盖个平楼，再有钱上面再盖一层，再有钱旁边再盖个小分院，这个过程可能长达十五年。

（2）忽视传统民居的"个性"

传统农民使用当地的材料，适合当地的气候，民居传承着历史的记忆，就形成了一种独特的民居风格。我们国家的民居种类很多。20世纪80年代曾经发行过一套邮票，主题是中国民居，收集了几十种传统的民居形式。现在的农村建设中完全忽视民居的特点。比如在延安，把农民从窑洞里面迁出来，说住窑洞不是新农村，住别墅才是新农村。农民从窑洞里出来以后，冬天用煤就大大增加了。原来在窑洞里过冬，一个冬天取暖烧五百公斤煤就够了，出来以后，烧两吨煤都还冻得人发抖。农民的这些窑洞空出来以后，就有人向农民买，一千块钱一口窑

洞，然后把这些窑洞改造一下，变成三星级宾馆，给外地人体验生活用。本地人却住在别墅里冻得发抖。

3.问题之三：盲目安排村庄整治的时序

有的村子，村里的便路还是土路，农田里却铺上水泥路了，因为这是基本农田改造。还有的村子，村民饮水非常困难，但是在玉米地里却有了自来水管。有的村子，小学校还是危房，但是村子里的一个个活动室盖起来了。我去过一个自然村有两百户人家，居然有 16 个活动室，什么民兵活动室、医疗活动室等等，我问当地的几个农民，我说你们到底觉得这些活动室有什么用处，他们说有一个活动室挺有用的，就是合作医疗活动室，但是其他的活动室也不知道干什么用。

4.问题之四：忽视小城镇建设

各级政府和有关部门支持小城镇发展的积极性很高，但是扶植的政策协调性不够，扶植的资金分散，没有形成推动小城镇协调发展的合力。我们每年都连续出台 1 号文件，每年的 1 号文件都是关于农村、农民、农业的，但是这些文件提出的优惠政策，都是跳过小城镇直奔田头的。那么小城镇具有什么功能呢？小城镇本身存在的意义，无论是发达国家还是中国都是一样的，就是为周边的农民、农村、农业服务，是农村的社会化服务系统的总基地。比方说美国，虽然是新大陆国家，实行的是土地规模经济，美国直接务农的人口占总人口数的 3%，但是却有占全国人口 16% 的农业服务的专业队伍，这批服务队伍只能是落脚在小城镇为周边服务。无论是在形象上，还是在环境上，我们国家的小城镇与发达国家小城镇的差距是最大的，我们大城市形象跟发达国家差不多少，甚至比他们还好，但是我们的小城镇与他们的差距很大。发达国家的小城镇历来是人居环境最佳的地方，但我们国家的不少小城镇，人居环境恶化、环境污染严重、管理混乱、就业岗位不多，是一种很不理想的状态。所以近二十年来，我们国家的小城镇在城镇化人口占比中下降了 10 个百分点，等于少了 1.5 亿左右人口，相当于减少了一个日本国的人口，人都从小城镇流到大城市里面去了。

（四）城乡空间差异化协调发展的思路与原则

城乡为什么要差别化协调发展呢？归根到底，是因为城市跟乡村存在固有的差别（表1）。

表 1　城乡主要差别

	农村、农业	城市、工业
生产	家庭经营为主	以企业为主
消费	低成本、循环式	高成本、直线式
公共品提供	自助合作为主	政府包办为主
景观特征	自然、宽旷、情趣、传统	文化、现代、娱乐、多样
空间关系	生产、生活、生态空间不可分离	分离

从生产的角度来讲，农村、农业就是以家庭经营为主，哪怕你人均年收入达到了三万美金，像北欧国家，农业还是家庭经营为主，不变。城市的工业就不一样了，工业追求专业化的分工与合作，分工越细，在专业的领域知识积累越快，越能够推动经济的发展。

从消费的角度来讲，农业、农村是低成本循环式的，一切来自于土地，回到土地里去，没有东西可浪费，是典型的循环经济，所以农耕文明在我国至少经历了几万年，对地球也没有多大的伤害。全人类也是这样，全人类进入农耕文明有五万年的历史，这几万年间地球没有多大变化。但是，仅仅三百年不到的工业文明，就把能源消耗得差不多了，生态破坏得差不多了，大气中的二氧化碳浓度也达到了极点。所以文明转型在某种意义上要汲取传统农耕文明的循环经济的模式。

从公共品提供的角度讲，农村农业是自主合作为主的。在传统上，过去在朝廷工作的官员，退休以后就荣归故里了。回乡以后东看看西看看，先把自家祖屋修好，光宗耀祖，然后在村头村尾走走，发现有一条桥梁被洪水冲垮了，就从自己退休工资里拿出钱来把它修好，再写上如光绪某年某某敬献。如果钱不够，就由祠堂补助。在历史上一直是这样的。新中国成立以后，医疗就"合作办医疗"，教育就"合作办教育"，所以这种体系存在一种低成本的传承。城市不一样，城市的基础设施和基本服务全是政府包办的。农村和城市分别是两种模式，如果用错了模式那就是高成本的，不可持续。

从景观特色来讲，为什么越到城镇化的后期，农村资源就越值钱呢？它值钱在什么地方呢？农村、农业，它的景观是自然的、宽广的、情趣的、传统的，所有传统的东西城里找不到了，在农村都还保存着，而且还"十里不同风，百里不同俗"，每个村庄都不一样，很耐看，很耐游。所以说，在很多国家，乡村旅游可以分到旅游财富蛋糕的一半，但是城市不一样，城市是文化娱乐的一律化的，而且是多变的。比如说，新疆的林芝刚刚被国务院批准为林芝市，我们对口支援的两个省，就把林芝建设得跟他们省的城市一模一样。大江南北城市风貌全一样，这就是"一样化"。城市面貌是差不多的，而村庄都不一样的，村庄景观的价值就体现出来了。

从空间关系上讲，农村、农业是生产的空间、生态的空间、生活的空间这三生空间是混合的，而且这种混合的程度越高，农业循环经济的特点就表现得越明显，农业的生产成本就越低。传统的模式，是一种绵绵不断的历代有经济效益的模式。城市不一样，城市把这各种功能分开了，还有功能分区了，工业区、居住区、商务区之间存在内在的区别。我们做事情要维护或者借鉴、顺应这种内在的区别。在农房整治中，尊重当地的风格和习惯，不仅解决个别农民、困难农户的住房问题，同时也为农家乐奠定基础。

那么，绿色小城镇建设怎么做呢？我觉得要做好六项主要内容。

（1）一本经科学编制的总体规划及管理机构；

（2）一套较为完善的污水垃圾处理、安全供水、道路、绿化市政设施；

（3）一套"三网合一"的先进通讯电视网络；

（4）一套与太阳能、风能、生物质能和小水电站相融合的新能源供应体系；

（5）一个"无假货"超市，并逐步实现全国城乡联网；

（6）一项因地制宜的乡土绿色建筑实施方法。

韩国是新农村建设的先行国家之一，韩国的建设部副部长也跟我们说过："我们韩国人就知道，上世纪七十年代的新农村建设我们走了弯路了，因为我们只注意水泥钢筋下乡，'水泥新农村建设'，只知道这要把乡村建得像城市那样，这条路走错了。现在我们重新纠正错误，从 20 世纪 90 年代起，就开始兴起另外一个运动，叫'传统题目农村建设'，取个英文叫'Amenity'，也被称为婀美尼体（Amentiy）理论的具体实践，是指农村历史、文化与自然生态资源，包括农耕文化景观、田园景观、农村风土人情等有形和无形资源，既包括原生态的资源，如原始森林、空气、水源、土壤和无噪音的环境；也有自然生态和人类加工相结合的资源和景观，如树林、公园、田园、水塘等，还有与历史文化相关的土特产品、文化景观和风土人情，如民俗、节日、纪念馆、有机食品、农村旅游等。就是把原来钢筋混凝土建的那些跟城市里一样的小别墅重新改成有乡间就地风貌的农村的农舍，恢复原来的风貌，然后把田园景观、文化景观、风土人情、土特产、民俗、节日、有机食品整合起来，变成一个传统题目的农村建设。现在已经这样做的有六个道（省级），这六个道农民收入三年大幅度增长。我们总算找对了一条农业现代化的发展路子，我们纠正了过去的错误，但是我们中国的朋友们到韩国来，一定要看我们原来错误的东西，大家觉得不可理解。"

韩国搞了婀美尼体运动（音）以后，农村现在又开始繁荣起来，城乡的交融幅度频度大大增高。我在浙江省工作很多年，我们也犯过错误的，不是一直以来都是正确的。有一个村庄很有钱，原来办过大的乡镇企业，银行存款 5 个亿。这个村庄坐大奔的村长支书一听到中央兴新农村建设，认为新农村建设就意味着把旧的农村消灭掉，连夜开会，第二天就把农民召集起来做报告，连做了两天，统一思想，把村民的房子用推土机全推掉，然后统一盖别墅，盖好了以后农民抓阄住进去，抓到一号住一号，抓到二号住二号，很公平。住进去以后农民就发现，新的问题出来了，原来它是家家户户都有农家乐的，现在一个都没有了。农民就打电话问那些以前经常带游客来的旅行社，你们怎么不来了？我们房子也宽敞了，又明亮了，你们怎么不来了？旅行社回答，我们来看过，我们一看你这个地方，到处是排排坐的别墅，没有任何农村气息，不能搞农家乐了，到别的地方去了。改造以后，当地农民的收入反而大大减少了。

有一个做对了事情的地方是安吉县。安吉提出来"三不"，在农村的整治活动不拆一座房子、不砍一棵树、不填一口塘，然后进行"逆向整治"。逆向整治是什么意思呢？就是城市有的大马路、大广场、整齐的行道树我们这里一概没有，我们是弯弯曲曲的羊道小路，自然的树丛，潺潺的流水，庭园经济，城里没有的我们有。城市是表现一种阳刚之气，自强不息、飞龙在天，农村是厚德载物，体现阴柔之美，这样才能吸引城里人来。安吉的做法成功了，那里的村庄农民收入连续翻番，为什么呢？家家户户有农家乐，有了农家乐农民就知道种什么城里人喜欢，所以种的东西、养的东西全部被城里人采购走了。这个大难题困扰着我们几十年，现在全部得到解决了，农民的收入大大增加。当地的干部总结："我们总算找到一条绿色的现代化的可持续的农业发展之路，农业不需要经过乡村企业这个环节，不需要村村点火户户冒烟，我们可以把第一产业和第三产业结合起来。"习总书记2003年就发现了这个典型，一年一次在安吉召开"美丽乡村建设"会议，后来就有了在浙江开的全国的美丽乡村建设会议。遗憾的是，到现在为止，我们还有地方在走弯路。

二、从高能耗的城镇化到低能耗的城镇化

（一）理解我国能源问题的若干要点

1. 我国最丰富的煤炭储量人均也只有世界平均值的 55.4%，人均石油和天然气储量分别只有世界平均值的 7.4% 和 6%。以煤代油代气是我国无可奈何的选择。我们国家的资源禀赋决定了必须要尽快走一条以煤代气代油的能源消费模式。这个能源消费模式又遇到了 PM2.5 的防治，所以各地以气代煤又非常迅猛。但是，这件事情对我国能源安全会带来极大的隐患。我国出于能源安全的考虑，为了尽快地实行以煤代气代油，同时又减少空气污染，所以我们就提供了世界上最高的电动汽车补贴。一辆电动汽车的补贴，美国政府补三千美金，我们是它的六倍，十二万人民币。为什么我们一个穷国，发展中国家为什么比发达国家还要多出六倍的补贴呢？因为我们国家必须要用煤来代气代油，尽可能把烧油的汽车，尽快变成烧电的汽车，烧电就是烧煤，所以我们下那么大的成本。

2. 我国要达到发达国家的水平，即使按照日本这种最节能、能效最高国家的标准（人均消费石油 17 桶），再乘以我国现有的人口数就高达 36 亿吨。而现在国际上每年的石油贸易量才 20 亿吨，2009 年全球石油总产量才 35 亿吨。采用更高效的发展模式是我国"和平崛起"的必由之路，要在节能效率上超越日本。

3. 我国已经是全球最大的温室气体排放大国，零排放的可再生能源的推广将成为我国能源领域的头等大事。从 2014 年的统计数字来看，我们一个国家排放的温室气体相当于美国跟欧盟加起来的总和，所以可再生能源推广应用已经成为我国能源领域的头等大事。未来的两个五年计划，我国外部的压力最大的是我们的温室气体排放压力。

4. 能耗"三板块"即产业、建筑、交通，建筑与交通的能耗将占全社会总能耗的 60% 左右，而且呈现"刚性"结构。也就是说，我国未来的能源安全是由现在的城镇化模式决定的。能耗有三个板块，这三个板块就是产业的能耗、建筑的能耗、交通的能耗，其中，建筑的能耗和交通的能耗是刚性的，因为现在的模式定了以后，个人无法改变，所以说未来的能源是否安全，是由现在的建筑模式和交通模式所决定的。从世界平均水平来看，建筑能耗是 32.9%，交通能耗是 30% 左右，产业能耗是 37.6%。当前，我国处在一个工业化过程中，所以我国的产业能耗占大头，但是产业的能耗会随着新技术的革命，随着能源税、消费税的出台，随着污染治理的加强，随着产业的变动，由企业家作出大幅度的节能减排的决定，政府只创造外部环境，在这些条件下，产业能耗是能够降低的。但是交通采用什么模式，建筑采用什么模式，是政府为主来决定的，因此，我们的责任就非常重大。

（二）建筑全过程对全球资源、环境的影响

第一，自然采光、自然通风。尽可能采用能调动行为节能积极性的"分散"空调或能源设施，而不是大型集中能源设施。建筑节能，不仅要减少能源的使用，还必须尽可能采用低品质的能源，或者可再生能源。使用低品质能源进行基础性的、整体性的温度调节。比方说延安的窑洞，实际上窑洞就是利用了浅层地热能进行基础性调温，天气非常冷的时候才烤火，也就是说，在气候非常恶劣的时候，用高品质的能源局部性进行调温，这就是绿色建筑设计的一个通则。

第二，在建筑实践中尽可能用简单的技术，通风、外遮阳来达到能源节约的目的，特别是外遮阳非常重要。

第三，内部分隔式建筑，设计中尽可能采用分体式空调，并通过建筑物表面的优化设计来减少空调的影响。不能盲目地用工业文明的思路

来推进建筑节能。这方面我们犯过很多错误。比方说，很多建筑，包括大型的商住区，我们都曾推行集中空调，其实集中空调是非常不节能的。从理论上说，集中空调可以做到能耗的节约，特别是四联供。比方说广州大学城，上万人居住的一个小区，提供四联供，供冷、供热水全部统一，结果这个系统一上去以后，用了一年浪费太大了，只好马上把这个设备停了，15亿的投资建设的这个四联供全部停掉了。停掉了一两年以后就生锈报废了。这个教训太大了，一个失误就浪费了15亿。

根据我们现在的观察，分体式空调可以大大减少能耗。北方的冬天城市里到处暖洋洋，北京地区的"到处暖洋洋"的建筑是用每个平方米18公斤煤烧出来的，黑龙江是22公斤煤烧出来的。这是集中供暖的方式。如果采用分体式空调，使用哪个房间就哪个房间开空调取暖，不使用的房间就不用开空调，大大节约能源。

第四，推广建筑物立体绿化。提倡屋顶、立面、所有公共构筑物的绿化。

第五，对新建建筑强制执行节能标准。

第六，加快发展绿色建筑，实施财政税收激励政策。在国家层面现在中央财政补贴二星级的绿色建筑每平方米45元，三星级的绿色建筑每平方米80元。在省市层面建议跟进财政补贴。在建筑行业层面采取容积率奖励。

三、从数量增长性城镇化到公共环境质量型

（一）理解我国质量提高型城镇化的若干要点

1.城市的本质内涵是使人们的生活更美好，而不是为了机器或汽车

来建设城市。城市就像一本打开的书，从中可以读出市民的理想、抱负与素养。

2. 知识经济时代，城市的竞争力突出表现在城市吸引人才的能力和宜居等方面，城市的独特宜人风貌、社会安定、服务功能的高品质已成为人才迁居的首选因素。当年马云在北京创业失败，回到杭州来了，我们就给他创造一个好的环境，1999 年我还在杭州当市长，马云就是在湖畔花园创业，当时还有工商局告诉我，这个湖畔花园是住宅区，怎么可以办公司呢？我后来跟他讲这个创业无定所，硅谷的很多企业家就是从车库干起来的，硅谷要是有规定不能在车库里面创业现在便没有硅谷。我们当时主张放宽。马云最近办了一个叫湖畔大学，培训新一代的企业家、网络创业家，他就记着这个湖畔花园是他的老根据地，现在最高等级的培训机构就用了个湖畔大学这个名字，就是这个原因。由此可见，一个地方的风景优美宜居已经成为城市竞争力的最高的标准了。

3. 人性化和富有自然气息的城市空间，是城市特色和功能提升的有机组成部分。城市规划学里有一句名言：城市的财富隐藏在空间结构中间。这句话的含义是什么呢？我们现在建的城市，如果空间结构是很优美的，历史文化是可以传承的，那么这个城市的空间就是一个源源不断增值的艺术品；如果是千篇一律的，很丑陋的，丧失自我的，那就是一个不断贬值的垃圾。

4. 现行国家的城市美化运动往往在该国城镇化率达 50% 时出现。城市美化运动核心思想是恢复城市中失去的视觉秩序和和谐之美。美国提出城市美化运动是在城市化率达到 50% 的时候，1893 年美国在芝加哥召开了一次世界博览会，这次世界博览会提出来芝加哥要变成梦幻版的芝加哥，就是把工业的芝加哥转成服务业的芝加哥，转型成功，然后在全美国推行城市美化运动。中国也一样，到了城市化率 50% 的时候，就在上海举行了世界博览会，提出"城市，让生活更美好"。一年以后党的十八大提出美丽中国，对不对？历史就是这么巧合。

（二）组成城市形象的主要元素

1. 道路

第一，可识别性。道路非常讲究它的可识别性，通过绿化配置、功能聚集、桥梁组合，行人通过绿化、通过功能就知道什么路到了。

第二，连续性。绿化的品种讲究连续性，通过尺度、对比、沿河地形地貌、建筑功能立面形成整体感。

第三，方向性。特征变化、地形从高到低、建筑从大到小、花草灌乔变化，便于将城市各部分连接在一起。比方说法国的香榭丽舍大道，香榭丽舍大道方向性很强，从协和广场穿过凯旋门到拉德芳斯新城，意味着从历史走向未来，从中心走向郊区，方向性非常强。

第四，交叉点。

2. 边界：除道路之外的线性空间关系

边界就是除了道路以外的线性的空间关系，特别是河边、海边、湖边、江边、溪边，这个五边是一种柔性的，有水之灵的边界，这种边界对城市的钢筋混凝土刚性的边界是阴阳互补的，所以应该非常注重城市的这五边的建设。这五边建设应突出生态、人性、自然、历史传承这四个特色。谁做得比较好呢？巴黎的塞纳河。塞纳河几百年来河岸没什么变化。我们几次到法国巴黎交流，巴黎的副市长说，巴黎的防洪标准只有20年一遇。我说你这个世界大都市起码按照两百年一遇的标准设计才对啊。他说，不按照两百年一遇的标准设计，因为我们主要是保护塞纳河原来的风貌。巴黎起源于塞纳河中间的一个小岛叫西岱岛，西岱岛是八百年前巴黎的缩影，最古老的建筑巴黎圣母院就是八百年前建造的，原来整个巴黎是从西岱岛起源的，整个塞纳河原汁原味保护，就把八百年以来的城市辉煌的历史都记录了下来，如果我们要两百年一遇的标准建防洪设施，我们所有的桥梁全部要提升，桥梁要立交，所有的堤坝全部要升高，整个面貌就变了，就不是巴黎了。你看我们《巴黎宣言》

中第一句话就是"把美丽的塞纳河还给全世界热恋中的情人们"，我们是浪漫之都，这是巴黎的命脉。有的学员就问他，你超过 20 年一遇的洪水来了怎么办？他说很简单，现在的洪水几点钟几分钟多少高，都可以预测得很准确，如果我们上游的水库不能调节的话，我就告诉市民，几点几分洪水可能会越过堤坝，你们上二楼避一避，几个小时以后洪水退了以后你再下来。他是用"非工程措施"来应对洪水，几十年有可能采取一次这样的措施。

说到这里我就想起了我在杭州市当市长的故事。当时开第一次市长办公会，讨论杭州市的防洪标准问题。当时北京某某著名的设计院给杭州规划的是杭州市要两百年一遇防洪标准建设，如果按照这个标准，西湖要用一米五高的堤坝围起来，整个投资 300 多亿，这 300 多亿投资就是为了防两百年一遇的小概率事件。如果真的围起来，杭州市当年的损失就不止是 300 亿，因为西湖游人看不见了，就不来了嘛。我说哪有这样可笑的事情呢，这个规划我们不执行，谁要是做这个事情脑袋就得被杭州人打破。所以我们就没执行这个规划。目前西湖还被列入世界文化遗产名录，如果当时决策失误，那就损失太大了。

被道路分割的区域，台地、山丘这些都是。

3. 区域：区域是内部展开的城市景观

城市应该有由边界围合的特定的基本空间纹理和功能，比如历史街区，还要显山露水，形成人工建筑与自然风光的协调景观，有最美的景观让广大的群众享受。城市里边异质板块越多则城市的品质越好，越吸引人。北方的城市看起来比较单调，为什么单调呢？全市就一个板块，一个模式。但是青岛除外。青岛实际上由三个区域组成，第一个区域是海滨青岛，青岛的海滨除了一两幢外，基本上都是低矮的建筑，凸显了滨海风景，处理得非常好。第二个区域是现代化的青岛，第三个区域是历史的青岛，由德国人盖的片区。所以青岛有三个不同的区域，就很迷人，能满足不同人的爱好。

世界上著名的城市河流两边，都不建高楼。像瑞典斯德哥尔摩的河流，两边是草地，草地两边是低矮的公共建筑，低矮的公共建筑外面是多层建筑、小高层、高层建筑，整个城市像漏斗形，能让更多人民群众看到这个优美的蜿蜒而过的河流。我国都不一样，北到松花江南到珠江，最美的景观被最少数人把房子建得无比的高，河流就是变成一条夹皮沟了，整个风貌全变了，很难看，完全违反了世界通用的城市规划学所说的：最美景观留给最广大人民群众享受这么一个定理。

在城市的不同板块之间，要创造一个高潮点，这个很重要。这个高潮点最典型的是哪儿呢？就是韩国的首尔。当年李明博担任首尔市长的时候，首尔有一个平淡无奇的片区，李明博主持修建了一个景观高潮点。因为在20世纪50年代之前，有一条清川河流入这个区域，到了60年代、70年代汽车多了以后，马路太少，就有人出主意把河流盖上水泥板变成马路了，马路不够加两层变成高架，就是双层马路了。李明博下决心把这个高架桥拆掉，恢复城市的景观，成为周边景观的高潮点。当时周边的老百姓反对，这么好的大道通衢要把它拆掉，反对抵抗了三个月。后来李明博想了个主意，请了规划师，把未来的景观画出来贴在那里，老百姓看了，才知道自己的家乡以后会这样美，这个城市社区会变得如此美丽动人，好，政府动手吧。建好了以后再看，水泥板被掀掉了，潺潺的流水生态坡岸全都恢复了，河中的瀑布、过河石、河畔的绿色植物，还有河上形态各异的桥，交错构成一幅赏心悦目的景致，都市里的每一处都是一道风景。建好的那一天，李明博像小孩子一样坐在河边洗脚，他说你看，我们在城市中间找到了一个乡村美景。据说这么一个工程给李明博挣了很多选票，后来他当选了韩国总统。

4.节点：节点是路与路、路与河、路与林相互交叉之处以及公园、广场、交通枢纽等

历史上广场倒不是中国的城市规划的元素。广场一词源于古希腊，是城市国家政体的产物，起初用于市场和议政，逐渐成为城市的客厅。世界上最美的四大广场之一就是意大利威尼斯的圣马可广场，这个广场矮的建筑与高的塔楼之间和谐统一，商业建筑与宗教建筑对立统一，广

场的黄金分割构成了三对优美统一的联合体，所以这个广场非常漂亮。拿破仑当年横扫整个欧洲，到了这个广场，他说这个广场太美了，我老了以后一定要在这定居，他就在这盖了一座拿破仑行宫，准备老了在这住。所以，广场的吸引力非常强大的。再看看我们中国人怎么建广场。我国的很多广场一般也有四个特色，第一是巨大无比；第二是光秃秃的；第三是对称庄严，市委市政府大楼必须趴在广场一端，虎视眈眈地注视广场；第四这广场的名字必须取名为市民广场。全国很多地方的广场都成为了分拣潜意识的表征物了。

5. 标志物

标志物是从外面可以观赏的物体，是有空间感染力的，有传奇故事的，特别是有历史传奇故事的物体，本身就是标志物，不在于高。明末清初有一个大作家号称是东方的莎士比亚的叫李渔，他说过一句话："山水者，才情也。才情者，心中的山水也。"你要懂得山水之美，你才有才情。我们搞城市建设的，把这句话说得现代化一点，美丽城市者，才情也，才情者心中有美丽城市也。

四、从高环境冲击型到低环境冲击型

第一，城市与自然界最大的差别是前者降解功能过弱、生产和消费功能过强，因而城市对周边环境的冲击极大。发达国家城市的"生态脚印"一般比自身面积大出几百倍。城市与自然界的一个最大的差别是城市没有降解功能。城市有非常强的生产和消费功能，但是它没有降解功能。城市没有降解功能怎么办？用人工补上，就是垃圾处理、污水处理、废物处理，这些都是要人工消耗能源去处理，而且是长距离地去循环处理这些污染物、排泄物。而自然界是处处就地进行循环利用的，大自然永远是生产、消费、降解三者平衡的，城市是不平衡的。为了描述这种不平衡，人类发明了一个名词：生态脚印。洛杉矶是一个对自然资源需求比较大的城市，要两千多倍的原始森林和原野才能支撑洛杉矶的发展，比较而言，我国纳西族的小镇，生态脚印只有五倍。为什么呢？纳西族不杀生不砍树，迫不得已要砍一棵树，就要补种五棵树，始终坚守与大自然共存的理念。中央提出来建设生态文明建设，生态文明的内核就是处处都要注意生产、消费和降解的平衡。

第二，水危机实质上是城市发展模式对水环境冲击过大，产生水生态危机：70%的流经城镇的江河经常发生断流，80%的城镇水系是劣五类水体，完全丧失了水生态的功能。水生态有其自身规律，一旦受损，就难以恢复。

第三，人类社会要学会与自然和谐相处的前提就是要使其最宏大的构筑物——城市与自然共生，建立低冲击发展模式（Low Impact Development）。

城市的发展如何从高环境冲击型向低环境冲击型转变呢？

1. 从单项治理向水生态的整体修复优化转变

几年前我们在武汉开了一个世界湖泊大会，世界上最著名的湖泊河流治理专家四百多人集合在一起，大家有一个共识，就是中国的大江大河的污染治理方针是错误的。治理滇池、太湖的时候，国家都投入大量的资金，怎么治理呢？像滇池，流经滇池的几十条河流，河道全搞成三面光，造成河水自然净化能力丧失，自然生态核心的环节全部被人工破坏掉，几十万亩的芦苇也消失了，蓝藻就越来越严重。也就是说，我们花了几百亿治理资金，反而造成了更严重的水污染。就是我们的治理方针出了问题。方针为什么错？因为我们把自然的水体，这样一个富有生命的、由无数种生物构成的一个生命体，单纯地看成是一个物理的系统，用物理的办法来治理复杂的生命体，结果就出错了。现在我们把治理方针调整过来了，才开始做对的事情。

那么怎么去应对我们越来越复杂的水污染？有这么几条，第一是提高污水处理费（至 0.8 元 / 吨以上），促进污水处理产业化。第二是加快城镇污水收集管网的建设，中央财政以奖代拨每公里 20 万—40 万元。第三是年降雨量 500mm 以上地区，全面推行雨污分流管网建设。第四是采用生态修复技术，全面治理河流、湖泊的污染。

2. 从末端治理向侧重于源头治理转变

这个源头是什么呢？就是说，城市的水问题必须要城市自身去解决，也就是要建设海绵城市，即世界上流行的低冲击开发模式。这种低冲击开发模式就是雨水一下来，在屋顶上进行蓄水，屋顶蓄满了，地下室还有蓄水池，进一步的蓄水，蓄满了以后，停车场下面还有蓄水池，再蓄到停车场，地下的蓄水池满了，路边有蓄水沟进行蓄水，一层一层进行蓄水，一层一层进行渗透，最后流到自然水体里边的水是干净的水，因为杂质都沉淀了，利用了，整个城市像海绵那样把雨水就留住了，这就是海绵城市。现在国家补贴，第一期补贴 13 个城市，补贴 1 亿到 3 亿，中央财政补贴。

3. 从开发—排放的单向利用向循环利用转变

我们在农村推行小型的分散式的污水处理技术。比方说一个集装箱中集中了所有污水处理单元，能够处理五千吨，如果是管网系统变得完善了，就加装另一个集装箱装置，能处理一万吨了。

我们有许多城市犯了工业文明的错误，比方说重庆，当时世界银行说规模越大越好，所以重庆建了一个两百万吨日处理量的污水处理厂，建在嘉陵江的一个小岛上，结果把重庆的所有的污水，用大管子输送很远的地方，压力输送，再送到嘉陵江两百万吨的污水处理厂去。由于没有雨污分流，结果雨水、污水、泥沙统统进去了，进去以后污泥的产量是一般污水处理厂的好几倍，所以每天需要把大量的污泥拉到垃圾的填埋场去处理，造成极大的困境。国际水协提出了"四句话"十六字方针，第一句话是适度规模。适度规模就是日储量五万吨到五十万吨都是合理的，是适度规模的。第二句话是合理分布，就是就近布局，一个居住组团一个污水处理厂，管网很细，污水自然进行收集，能源消耗很少。第三句话是深度处理，深度处理就是从现在的国家标准一级 B 改到一级

A。第四句话就是就地回用，污水处理厂出来的水 COD 已经很低，再加过氧化塘就变成了四类水，就是可饮用的水，就可以就地回用了。

这种水循环利用的特征，就证实了城市的水问题可以通过城市自身去解决。新加坡就是一个典范。李光耀有三大贡献，首先一大贡献把新加坡水的问题解决了。新加坡最初从马来西亚调水，当时新加坡的人口只有现在人口的三分之一，现在人口增长三倍还是调这么多水。新加坡现在淡水供应的结构是这样的：雨水的收集解决 30%饮用水的水源，海水淡化 30%，然后还有 30%水是污水再利用。十几年前新加坡就能通过污水处理厂把生活污水重新处理成纯净水。李光耀带头喝由污水处理而成的纯净水，给它取名叫新生水。2015 年年初，一个很有前景的项目引起了比尔·盖茨的极大关注。美国西雅图一家名为 Janicki Bioenergy 的能源公司研制出了一款能够进行污水处理的装置，这台巨大的污水处理机能够将未经处理的粪便浆体转化为饮用水、电以及灰烬。比尔·盖茨为了支持这台能够在几分钟内将未经过处理的粪便浆体转化为饮用水的设备，在到访时竟然喝掉了一大杯用人类粪便净化而成的饮用水，还称赞"味道不错"！这说明什么呢？这说明水本身就是可以反渗透处理变成纯净水的。新加坡的做法告诉大家，水是可以 N 次利用，不像我们现在还在以水定人、以水定城，如把一次利用的水资源乘上二乘上三乘上四，水的问题解决了。

4. 从简单地对洪水截排向与洪水和谐相处转变

正确的防洪和截排在世界上有许许多多的成功案例，包括刚才我们讲到的巴黎塞纳河，浙江的杭州，都是这样，尽可能地用非工程措施来达到用大量投资建设防洪基础设施才能达到的同样的效果。

5. 从水环境低冲击向综合性低冲击模式转变

制订"四线"管制方法，保护不可再生资源。《新型城镇化规划》中把四线管制的内容写了进去。紫线就是用紫色的线在城市规划图上把历史文化遗产重点文物保护单位、历史街区框定，紫线内部修旧如旧，不能做大拆大建。紫线外面 500 米，所有的建筑应该是风貌协同，高度控制。绿线要把公共绿地、公园、水源保护地用绿线框定，叫绿线管制。蓝线是江、河、湖水系两边建筑的高度、功能用蓝线框定。污水处理厂、垃圾处理厂为代表的有负外部性的用地，用黄线框定。有许多书记、市长问我，仇部长你什么时候找一个顶尖的团队帮我们做总体规划，做好了我们一届跟着一届干，百年不变。我说没有人像算命先生一样能算到你这个城市一百年中间发生的事件，城市规划十年不变已经了不起了，如果说这个城市规划中确实有百年不变的内容，那就是四线框定范围百年不变，这个可以做到。要懂城市规划，就要从这个层次去考虑。

6.从城市低冲击向区域整体低冲击发展模式转变

城市之间的低冲击开发，用绿道网把四线的管制延伸到城与城之间，把那些最脆弱的生态敏感区，最有价值的自然遗产和文化遗产都保护起来，使子孙后代可以持续地享受这些不断增值的世界文化瑰宝，这是城镇化过程中一个非常重要的一个空间管制内容。

五、从放任式机动化到集约式机动化

（一）理解我国机动化的要点

1.机动化能为城市化"塑型"，我国机动化与城镇化同步发生，极有可能出现城市蔓延。

美国在100年间的城市化进程中，城市人口空间密度下降三倍之多，不仅大量耕地受到破坏，而且一个美国人因为依赖私家车出行所消耗的汽油比欧洲多出5倍。机动化的模式会为城镇化塑造形状。欧盟为什么城市的人口密度很高，离开城市周围就是美丽的田园风光？美国跟欧盟的文化是同根同源的，为什么在美国过了城市还是城市，绵绵不断的都是城市？为什么文化同根同源的两个区域，城镇化的结构不一样呢？正是因为欧盟是城市化在先，人都住到城市里来了，小车才进入家庭，所以街道的宽度都保持不变，压缩了私人小轿车的使用。美国的情况是城镇化和机动化同步发生，再加上土地的私有化，城市周边的农场主大量地向房地产商供地，结果整个城市就扁平了。所以我们可以得出一个结论，要想达到持续发展，要想实现生态文明，千言万语一句话，首先把我们的城市的人口密度保持在一个平方公里一万人以上，就是高密度的发展。所以我国编制新型城镇化规划，把其他指标都排掉了，留下一个很重要的指标，就是人均在城市里边的占地面积，一百平方米，包括了工业用地、商业用地、住宅用地、绿色用地、交通用地，统统包括在这里，就一百平方米，超过了就是浪费用地，小于这个的就是节约用地！这个就是国家标准。防止我国出现郊区化是城镇化后期的决策要点，安全多样的绿色交通是确保"紧凑型"城镇的不二法门。

2. 机动化有"锁定效应"，如不加紧完善公共交通和绿色交通，一旦人们习惯使用私家车出行，再投资公共交通就可能"无人问津"。

洛杉矶曾经拥有全球最大的公共交通枢纽，但洛杉矶政府当时一个主导思想就是防止原子弹攻击，大城市大面积地铺开，联邦政府大量的投资都投资在高速公路建设上，很少投资铁路建设。美国的交通部长来中国访问，她承认，美国当年犯的最大错误就把所有的交通拨款都投在了公路建设上，如果当时用三分之一的钱投在铁路建设上，投在城市公共交通建设上，美国就不是现在这样。她认为，美国的这个错误是中国应该避免的。这样的错误一旦出现，是没法纠正的，后代都纠正不了，所以这个就是机动化的锁定效应。

3. 仅靠增加道路供给不能解决城镇日益严重的交通拥堵问题，必须转向需求侧管理。

目前，我们遇到了世界上最凶猛的交通拥堵问题，这个大家都很明白，因为我们提倡建设紧凑的城市，又是世界上发展最快的小汽车市场，这二者放在一起问题就出来了，必须转向需求侧的管理。

（二）决策要点

第一，从交通资源供给转向需求管理。

在城市交通的学科发展上，曾经有两个悖论。

第一个悖论就是拓宽道路会遭遇当斯定律。为什么叫当斯定律？上个世纪 70 年代英国的一个交通规划师的名字叫当斯，他发现一条街路如果拓宽了，刚刚拓宽的那几天交通很通畅的，过了几天，所有人都知道这条街路拓宽了，所有的车辆都涌往这条街路走，马上就拥堵了。所以他提出了这个"当斯定律"：拓宽几条城市的干道对于缓解城市的交通拥堵是没有用的。

第二个悖论就是说让城市规划适应汽车时代的到来，让汽车欢快地跑起来也是个悖论。人类历史上第一个让城市适应汽车到来的城市就是洛杉矶。洛杉矶的城市规划跟一般城市完全不一样，中间是一个城市中心，边上是 50 个组团，这 50 个组团全部用高架路连起来。我们都认为洛杉矶完全是为了机动化而存在的一个城市。但是洛杉矶的情况怎么样呢？洛杉矶连续十年被评为交通拥堵最严重的城市，连续七年被评为美国空气中间氮氧化合物的二次转换浓度最高的城市，还是一个心脏病发病率最高的城市。城市的交通空间是一种非常稀缺的资源，应该得到公平的分配，哪种交通方式对 PM2.5 贡献最小、能耗最少、占用空间最小，就应该优先供给它交通资源，因为交通资源很有限。城市应该遵循绿色交通原则，就是公交、人行与自行车更需优先。比较一下私家车、自行车、步行在静止时占用的空间大小就能说明问题了：私家车 10 平方米，自行车 1.4 平方米，行人 0.3 平方米。当速度提高时，私家车所需空间将成倍提高，一般来说，私家车所需空间相当于自行车的 20 倍。当行进速度上去以后，自行车比轿车的空间利用率高 20 倍。我们在北京做过四年测试，十个车道的马路每小时经过的人数，还不如辽上的三米宽自行车道经过的人多，没想到吧？在历史城市，马路很窄，大家都是骑自行车，照样是 20 分钟到单位，现在新建的马路无比宽，大家 20 分钟还到不了单位，因为小汽车占地面积大大扩宽了。

需求管理的基本策略有哪些呢？第一个策略：减少内城停车位，提高停车费。我在三个城市当过党政主要负责人，基层管理者经常向我抱怨，我们要响应中央的号召，干群众想干的，所以我们所有的决策让群众先讨论，征求群众意见，群众说我们停车难、停车贵，好，我们市委市政府决定，明天开始城市中心乃至风景区都免费停车。这个政策一发布，好，整个城市都瘫痪了。这时才发现，我们决策错了，重新改决定。以杭州为例，市政府发公告告诉大家，城市中心原来每小时停车费从每小时一块五毛钱上涨到每小时十五块钱，很快，城市就干干净净了，空气也变好了，交通又变通畅了。什么是群众真正想要的？实际上群众真正想要的就是后面那种结果。所以，应该减少停车位，提高停车费，增加公交专用道和步行专用道，同时在内城收费区域收牌照费。还可以增加"无车日"天数，以及按"单双号"或不同编号车牌出行等措施。在交通决策上我们不能再犯那些常识性的错误，这很重要，李光耀曾经说过：领导是什么？是拉着群众的领子跑，目光更加远大，看得更加长远，更有整体观，全局观，这才是领导。

表 2　各种机动化工具能耗比较

机动化工具	每人每公里能源消耗（以公共汽车单车为 1）
自行车	0
电动自行车	0.73
摩托车	5.6
小轿车	8.1
公共汽车（单车）	1
公共汽车（专用道）	0.8
地铁	0.5
轻轨	0.45
有轨电车	0.4

第二，从单纯考虑快行系统转向慢行系统与快行公交系统并重。

城市应该综合考虑快行公交系统与慢行系统并重的交通方式。如表 2 所示，自行车和电动自行车是能源消耗最低的机动化工具，在城市中要提倡发展这些交通工具。

六、从少数人先富的城镇化到社会和谐的城镇化

（一）理解城镇化社会问题的要点

第一，城镇化不能只关注经济效益，中后期更要侧重于社会效益。最近世界银行报告显示：美国 5% 的人口掌握了 60% 的财富；中国 1% 的家庭掌握了全国 41.4% 的财富，财富集中度超过美国。我国某些省区内最富裕的城市人均 GDP 与最贫困的地区相差 10 多倍。

第二，因城市某些行业具有垄断性，我国行业之间的工资收入差距已达 15 倍。另据北师大的调查，我国收入最高的 10% 人群与收入最低的 10% 人群的收入差距，已从 1988 年的 7.3 倍上升到 2007 年的 23 倍。

第三，城市居民的二元结构尚未得到有效缓解。我在很多会议上讲，买一套房子生活水平提高一个等级，买两套房子提高两个等级，就不是我们所追求的，都不是社会主义应有之义。世界上所有的国家都知道应该通过税收等政策来调解，这是必须要的，买对一套房，就代替几辈子奋斗，这哪里是社会主义的价值观？我们国家的城乡收入差距到了 1：3.7，世界平均水平是 1：1.5。

（二）决策要点

1. 从劳动力流动的放任不管转向有序"进城"。在放开中小城市户口管制的同时，采取积分式申请落户及轮候式方法来解决大城市外来人口融入城市的问题。积分式落户就是让农民看到希望，如果你偷了一个自行车或者是坑蒙拐骗那就扣分；如果你勤劳致富、劳动培训、技能提高就加分，进城农民就有个良性预期。

2. 对农民工提供免费的职业教育和培训，帮助他们尽快掌握必要的劳动技能，使迁移和外出务工有更多的自由、收入增加也更快。

3. 推进城乡公共财政均等化。促使城镇的供水、公交、燃气等基础设施向周边郊区农村延伸。尽快改善村镇和贫困地区农村的医疗、教育、文化、电视广播等社会事业的发展。小学中学立即改成最好的小学、中学的分校，教育质量立即改善，镇卫生院由三甲医院承包改为分院，水平立马提高。上海都已经做了，效果非常好，这就是公共财政真正的均等化，高效的均等化。我们调查过居民为什么要从小城镇转移到大城市里来，第一原因就是子女的教育，第二原因才是进城赚钞票，第三原因是医疗，第四原因是财产保值和医疗水平，这些因素我们可以通过这样的均等化，提高投资的效率和公共服务水平。

4. 养老、医疗等社会保障一定要有限覆盖贫困群体。广泛建立专为贫困人口服务的社会慈善机构，为生活在最底层市区劳动力的人群提供切实的帮助和"生涯设计"，使他们的生活同样充满希望。要让农民工的养老、医疗、社会保障这"三险一金"要带得走，这很重要，通过信息化手段即可以实现，重要的是下决心去做。

5. 全面推行数字城管。数字管理和智慧城市，一点都不要把它神秘化。数字城管就是把一个复杂的街区划成一个一个方格，每个方格内部有事件和部件，所谓部件就是水龙头、行道树等等，这些都是公共服务设施，就是部件；事件就是小摊小贩、交通拥堵等，这些都是有可能影响城市运行的事件。再是请了退休的工人，每天骑自行车上自己分管的方格内巡视 20 次，如果说这个方格内有一个窨井盖破了，就拍了照传到网络上，指挥中心马上就查找这个窨井盖所属的公司，通知这家公司去把它盖上，盖上了以后巡视人员再去拍张照，表明事情已经处理结束，并公之于众，就能有效激励政府部门为民众办事。按照这种方式管理城市，能大大提高管理的效率和管理的效果。如果我们将遥感技术、物联网技术取代退休工人巡视，就成为智慧城市了。

6. 城市应成为"万众创新、大众创业"的孵化器。

以上六个方面的转型既是"新型城镇化"的核心内容，也是"城市生态文明"规划建设的关键工程。新型城镇化提供的新机遇，不仅能为经济持续增长提供优质内需，而且也能增强科技创新能力、培育战略性新兴产业、提升产业竞争力。抓住此机遇，有可能使各地建成城乡环境优美协调发展，具有国际竞争力的城市群和创新基地、集约节能的生态城市集群和人均能耗和碳排放低的城镇化新模式。

根据演讲者 2015 年 4 月 12 日在"智慧城市与城市现代化专题
研讨班（第 2 期）"上的专题讲座录音整理

大数据时代与新产业革命

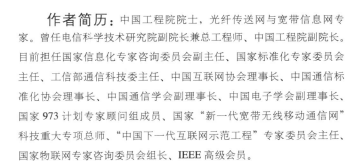

邬贺铨

演讲时间：2014 年 5 月 9 日

作者简历：中国工程院院士，光纤传送网与宽带信息网专家。曾任电信科学技术研究院副院长兼总工程师、中国工程院副院长。目前担任国家信息化专家咨询委员会副主任、国家标准化专家委员会主任、工信部通信科技委主任、中国互联网协会理事长、中国通信标准化协会理事长、中国通信学会副理事长、中国电子学会副理事长、国家 973 计划专家顾问组成员、国家"新一代宽带无线移动通信网"科技重大专项总师、"中国下一代互联网示范工程"专家委员会主任、国家物联网专家咨询委员会组长、IEEE 高级会员。

内容提要：作者以专业的视角、通俗的语言、生动的例子，全面阐释了互联网技术的前沿进展情况，论述了由于信息技术进步引致的大数据时代的特征，包括大数据的来源和用途。最后，扼要介绍了新产业革命的挑战，引发听众对信息技术及其带来的产业革命的深入思考。

我就《大数据时代与新产业革命》跟大家交换一下看法，讲三个方面的问题：第一个问题是互联网技术的演进；第二个问题是大数据时代的机遇；第三个问题是新产业革命的挑战。

一、互联网技术的演进

从 2014 年倒算，人类在 75 年前发明了电视机，70 年前发明了计算机，55 年前发明了集成电路，48 年前发明了光纤，45 年前发明了互联网，40 年前发明了个人计算机，35 年前发明了移动通信，25 年前出现了万维网，15 年前开始使用 3G，现在已经开始使用 4G 了，这些都是近半个世纪以来信息技术的进步。

（一）信息技术的发展历程

我们走过了以计算机为中心，以图形用户界面作为主要技术的个人计算机（PC）时代，现在我们所处的是一个以软件为中心，以 web 作为主要技术的网络时代。我们现在即将进入以服务为中心，以云作为主要技术的云计算时代。现在一个以应用为中心，以物联网作为主要技术的物联网时代正向我们走来。同时，我们现在又面临一个以用户价值为中心，以数据挖掘为主要技术的大数据时代。总之，互联网从网络共享到信息共享到资源共享到感知共享，现在又到知识共享，这是几十年来发生的变化，我们现在又开启了新一轮的信息技术革命。

早几年我们已经开启了数字化、平板化电视时代，从前年开始已经进入到移动互联网时代、后 PC 时代、后 Web 时代；不出十年，我们会进入后摩尔时代、云计算时代、物联网时代和大数据时代，也就是说，信息技术革命一直没有停步。

（二）摩尔定律

信息技术的发展，最主要得益于集成电路。集成电路有一个很有名的定律叫摩尔定律。所谓摩尔定律就是说每 18 个月到 24 个月集成电路上晶体管的数量加倍。我们使用的电脑的 CPU 型号经历了 8086、80186、80286，现在到奔腾。2015 年在一台计算机上，一个 CPU 的晶体管数已经有 80 亿个。一个小小的 CPU 有 81 亿个晶体管！所以，原来很多不能做的事，现在在集成电路上都能实现。

摩尔定律不是自然规律，而是对持续创新的期望。让我们来回顾一下集成电路的发展历程。1982 年以来，CPU 的性能提高了一万倍，内存价格下降了 4.5 万倍，硬盘价格下降了 360 万倍。如果汽车的价格能够跟硬盘同等速率下降，那么我们今天买一部高档车只要 0.01 美元；如果汽油的性能能够以同样的速度发展，那么一升汽油就可以让飞行器环绕地球飞旅行 573 圈。但是，目前还没有其他的技术像信息技术一样发展这么快。

那么摩尔定律还能持续多长时间？我们看看代工企业的数量变化情况。原来做 130 纳米工艺生产线的代工企业，有 19 个；到做 90 纳米的时候，少了几个；到 65 纳米又少掉几个；到 40 纳米又少掉了几个。现在再往下做 28 纳米，再往下做，现在像台积电在做 20 纳米，英特尔公司又在做试验 14 纳米，企业数又少掉了几个。为什么越来越少呢？这是因为一条代工线的成本随着工艺线条越密而增加很快，在做 40 纳米的时候，一条代工线要 35—50 亿美元；做 20 纳米的时候，一条代工线要 80—100 亿美元。要是再往下做，现在研究生产 14 纳米要多少钱呢？一条生产线要 120—150 亿美元。也就是说全世界没有几家公司能够投得起。不但集成电路生产线这么贵，集成电路设计芯片流片也很贵，现在设计一个 4G 的 LTE 手机芯片，采用 20 纳米工艺时流一次片要 2250 万美元，就是上亿元人民币，一个多亿元人民币投进去，还不一定都是成功的，因此下一步集成电路还能不能发展快是一个疑问。另外一个因素，CPU 上的晶体管越做越密，芯片的温度就越来越高，需要用更多的技术把温度降下来。那么，现在用什么办法呢？多核。本来 CPU 用一个核就够了，现在要做 8 核、16 核，今年已经有多核的手机了，不是说一个核做不了手机，而是一个核做下来，它的功耗大。把一个核的 CPU 能做的工作分到两个核去做，它的功耗可以省一半，因此现在手机上做到 8 核。但是，这并不意味着核越多这条路就一定能走到底，把这些功能往每个核之间分配，仍然会产生很多开销。有人估计，不出十年，基于 CMOS 集成电路的摩尔定律因功耗和代工线成本可能走到尽头，期待新材料新工艺的突破会带出后摩尔时代。

（三）软件技术的语义化趋势

刚才说的是硬件，再看看软件。现在软件越来越复杂，软件的运行环境从单机发展到网络，从互联网环境发展到普适计算环境，用户数量和复杂度剧增。软件加速向开源化、智能化、高可信、网络化和服务化方向发展。软件的复杂度可用程序代码的行数来表示，早期的阿波罗登云飞行器软件仅有 4K 的代码，现在波音飞机的飞行管理软件达到 100 万行代码，空客飞机软件有 10 亿行代码，日本高铁的列控软件有数百万行代码，雪佛兰、奔驰新车的软件规模超过 1000 万行，Windows 操作系统超过 3000 万行代码，智能手机的安卓操作系统也有上百万行代码。也就是说小小的手机里面，也有上百万行软件代码，比过去的阿波罗登月飞行器还多几百倍。所以软件的设计技术，从面向模块到面向数据到面向事件、面向用户、面向认证。现在微软的软件不时还要发补丁，为什么？因为它有漏洞。未来的软件这么大，很难避免漏洞，而且一个大型软件需要几百个软件工程师来编写，很难保证这些工程师中没有跳槽的，跳槽以后其他人难以读懂他写的软件，怎么办呢？每一行代码都要加说明，便于后续的工程师理解和发现漏洞。软件企业按照能力分为五级，即初始级、可重复级、已确定级、已管理级和优化级，所以我们希望未来的软件企业都能到优化级即 CMM5。

（四）从大型机到 PC 和移动智能终端

上个世纪 50 年代是大型计算机，60 年代是小型计算机，80 年代是个人计算机，90 年代是笔记本电脑，现在手机就是计算机。我们可以回想全世界第一台电子数字计算机诞生是什么时候？ 1946 年！将近 70 年前，当时的计算机多大呢？占地 170 平方米，它有什么功能呢？相当于我们现在会计手上拿的计算器。1975 年，美国航天局花了 500 万美元买了当时最高级的计算机 Cray-1，它有什么功能呢？相当于我们的 iPhone4。1985 年，美国国防部更新它的超级计算机到 Cray-2，它的性能相当于什么？相当于现在的 iPad2。90 年代末期大家要花将近 8000 美元才能买到 1G 的闪存卡，现在多少钱呢？ 0.25 美元。也就是说，集成电路技术的进步使得信息技术的发展非常快。因此，过去不能想象的，我们现在都能实现。我们再来看看超级计算机。现在中国的天河二号做到全世界最高的计算量，其能力是 Cray-1 的 4 亿倍，峰值速度能够达到每秒钟 5.49 亿亿次。

早年的计算机，很多机架集中放在一个大房间，我们把它叫机群计算。后来发现一个大房间放不下了，把它分开，但都属于同一个单位的，叫分布计算。后来发现一个单位的计算能力不够用，例如要用到上海交大、同济大学、复旦大学的，要用多个单位的计算机能力共同来完成一个计算任务，这叫什么？叫网格计算。再进一步使用者根本不管这个计算机是谁的，只知道可以使用，就像家里面用电，从来不问这个电是从哪个发电厂供给的，家里用水也不问这个自来水是从哪里来的，即不求所有但求所用，按需使用按量付费，这叫公用计算。可以说计算机从物理上的整合到虚拟化，现在发展到云计算。

（五）云计算

云计算是什么呢？是分布计算、并行计算、网格计算、虚拟计算、公用计算，这些名词的商业化的实现，它更强调的是服务。20 世纪 80 年代没有人谈云计算，谈的是数据库；90 年代谈的是互联网数据中心（IDC），现在谈的云计算，实际上谈的是云服务。云计算由什么构成呢？有服务器，有存储器，有一些数据中心的硬件软件。随着信息化技术的发展，每个单位都自建信息系统，各自买一套信息化的设备，利用率不高，而且过两年可能就过时了，因此现在就发现，还不如我委托第三方，把我的数据放到你那里。这相当于租人家的房子，放我的数据，这个叫什么？基础设施即服务（IaaS），即第三方将其基础设施作为服务对外出租。如果停留在这个状态呢，我把它比喻成数字房地产，这是租的物理空间来放点东西。仅仅这样还不够，IaaS 层上面还有一层叫平台即服务（PaaS）。该层准备了一些中间件、JAVA、数据库、数据开发软件等等，使用者可以利用这些工具开发其企业所需要的软件，这就更进一步了，不是简单地出租物理空间，而是出租平台，第三方服务商变成孵化器了。

对于一些企业来讲，利用租来的这些软件工具就可以开发本企业所需的软件。但是，对于大多数中小企业，有了软件工具也不会开发软件，怎么办？直接出租软件，这叫作软件即服务（SaaS）。可以出租的软件包括客户关系管理软件（CRM），企业资源规划软件（ERP），人力资源管理软件（HR），等等。在中国，企业都要在工商部门注册，一注册都要交财务报表，规定你用金蝶公司的或用友公司的财务软件。假如我的企业很小，我没有这些软件，要做这个报表怎么办？租软件。这叫软件即服务（SaaS）。租了软件还得有计算机啊，假如连计算机都没有，连计算机也租，相当于平台即服务（PaaS）。租了软件，租了计算机还得有人，如果没有熟悉信息技术的人，可把整个业务都外包出去了，这就叫云计算。云计算是一个信息化服务外包的概念，随着信息化要求越来越高，每个单位自建一个信息化系统，大单位好办，中小企业就不那么合算了，所以这种第三方服务应运而生。某个省的产业集群发展不错，某个县里面很多中小企业都是做皮革产品的，或者都是做服装的，省政府可出资或以买服务方式委托第三方公司建一个云计算平台，提供一些最新的服装设计软件，那么中小服装企业可以在这一平台里廉价租用这类软件，开发企业要的产品。可以说云计算为政府扶持建设创新平台提供了手段。

有了云计算，一般的企业不会自建信息化系统，它们租用公众的信息化系统，这称为公有云。对大企业来讲，它会自建云计算信息化系统，我们称其为私有云。对于有些如半大不小的企业，又不想自己建，又担心放在第三方失去管理，可以加入虚拟私有云，企业的数据物理上放在第三方，但逻辑上管理归自己。2011 年 2 月美国政府宣布了"云优先"政策，规定所有新建的政府信息系统，必须优先考虑云平台。美国政府 IT 预算的 25%将用于云计算应用上。美国政府希望通过云计算实现政府资金和各个部门的信息共享，而且节约信息化的资源。

（六）互联网内容视频化

美国的 YouTube 网站是一个共享视频网站，每分钟有 100 小时的由用户产生的视频节目上载。2016 年，互联网的忙时流量达到了每秒 720 个 Tbp。这是什么意思？相当于全世界有 6 亿人同时在互联网上观看一部不同的高清电影。2016 年，互联网每 3 分钟就能传送 360 万小时的视频。360 万小时是什么？把全世界所有已经生产的电影加起来还不到 360 万小时。最近两个月，在 YouTube 网站上上载的视频量超过了自 1948 年美国建立电视台以来由 ABC、NBC 和 CBS 三家最大的电视台连续播送的所有电视节目的总和。现在在互联网上，全世界消费者的互联网流量一半以上是视频，现在在全球移动互联网上移动视频流量占移动数据的一半以上。中国的互联网用户中三分之二会在网上看视频。视频的发展导致全球互联网干线流量 10 年增加 1000 倍。十年涨了一千倍！什么东西能够承受这么快的变化呢？当然首先是光纤。

（七）光纤传输技术的发展

我们来看看光纤传输技术的发展情况。20 世纪 80 年代以前，中国没有光纤。华裔科学家高锟先生发明光纤以后，光纤很快进入市场，采用的是数字时分复用（TDM）的技术，单纤容量达到 Gbps 级别，相当于几万电话电路。后来发现一根光纤可以同时使用多个波长，即数字波分复用技术（WDM），容量就大幅度增加，单纤可达 Tbps 水平，相当于千万电话电路。2008 年以后，在密集波分复用（DWDM）基础上采用多电平调制（例如 QPSK）、偏振复用（PDM）、正交频分复用（OFDM）和相干检测等技术，可称为数字多域复用技术，单纤容量为数十 Tbps 级，等效数亿电话电路。随着流量增加，我们希望光纤网络更灵活，自动交换光网络（ASON）等光联网技术出来了。总之，光纤的传输能力十年扩大了一千倍，很好地满足了干线带宽十年增加一千倍的需求。我们可以回想一下，20 世纪 80 年代，我们上网使用 Modem，传输速度每秒钟只有几十 K。现在"宽带中国"战略要求 2015 年城市家庭接入速率至少 20 兆，农村 10 兆，像北京、上海这样的城市希望部分家庭直接提升到 100 兆。韩国已经宣布，每个家庭有线网络连接速度目标是 1

个 G，就接入带宽而言，我们与韩国相比还差一个数量级。现在中国生产了全世界一半的光纤光缆，中国也消耗了全世界一半的光纤光缆。当然，中国对全世界光纤光缆还是有很大贡献的。十年以前，裸光纤一公里卖多少钱呢？卖两千元人民币。2013 年中国移动招标报价多少钱呢？四十元人民币。按单位长度算，光纤比面条便宜，你买一公里长的面条也不止 40 块钱。中国城市居民密集住在大楼与小区，只要光纤到大楼，光纤到小区，一下子就是几百户，不像美国到了一户人家就只有一户，旁边还没别的人家，所以中国光纤到户应该可以发展得更快。

（八）移动通信的换代演进

大家感受更深是移动通信。20 世纪 90 年代以前的第一代移动通信，采用模拟技术的电路交换，复用方式为频分多址（FDMA），一个蜂窝小区内同时通话的多个用户分别占用不同的频率，当时的手机很大，很多人把它叫大哥大，而且很贵，只能打电话。现在 2G 手机还有很多人在用，2G 是数字电路交换技术，复用方式分为时分多址（TDMA）的 GSM 和码分多址（CDMA），前者以时隙后者以码道来区分同一蜂窝小区内同时通信的用户，2G 业务除了电话外还有短信。2009 年中国发了三张不同标准的 3G 牌照，基于分组交换技术，复用方式都是 CDMA，其中由中国主导并拥有自主知识产权的 TD-SCDMA 标准，在 CDMA 基础上增加了时分复用，而且来去信号占用同一频带但是不同时隙，这称为时分双工（TDD），区别于由欧美分别提出的 WCDMA 和 CDMA2000 标准，它们的上下行信号位于不同的频段，即频分双工（FDD），3G 的业务扩展到数据。2013 年底我国启动了 4G 牌照的发放，4G 采用宽带分组交换技术，复用方式为正交频分多址（OFDMA），利用了时间、空间和频率维度实现高效率的复用，根据双工方式的不同而分为 TD-LTE 和 FDD-LTE，其中 TD-LTE 是在 TD-SCDMA 基础上融合了 FDD 技术，4G 的峰值速率为几十兆甚至上百兆。在我们 4G 开始建网的时候，国际上已经开始 5G 的标准化的研究。5G 是什么？在高速公路开车时，手机的峰值速率可达 10Gbps，在家里不要网线可以达到下载峰值速率 50Gbps。由上述可见，移动通信几乎十年一代，峰值速率平均十年提升一千倍。

（九）Internet 的发展

我们再看互联网。互联网是美国人最早发明的，互联网的前身是 20 世纪 70 年代美国国防部的 ARPARNET，90 年代发展为公众互联网，现在是全球互联网，并向下一代互联网过渡；互联网的技术从 TCP/IP 到 Web，到 P2P/Web2.0，现在到 Cyber-Physical System；互联网的地址从 NCP 到 IPv4 再到 IPv6；互联网从一个收发邮件的联系平台，到一个上网可以下载浏览文件的浏览平台，到微博、博客上网了，互联网成为交互平台，现在互联网也是一个工作平台。

外国有个网站叫 Second Life，翻译成中文叫"第二人生"，看上去是个游戏网站，但是登录该网站以后你花点钱租他游戏设计软件，就可以自己设计游戏。既然能设计游戏，就能设计服装、设计汽车、设计房子，后来专业的公司发现，网民设计出来的产品比他们专业工程师设计出来的更时尚，更贴合市场的需要，就到这个网上收购网民的作品，收购就有钱的交易了，洗钱的也去了，贩毒的也去了，美国国防部要到这里发现网络精英，招到网络部队，很多国家的安全部门也注意到这个地方。

美国有一个医生，拍了大量的大脑 CT 扫描图。要看脑袋长没长瘤子，在病灶很小的时候很是难看的，一天看上百张照片看得头都晕了，他灵机一动，把这几百张 CT 照片贴在互联网上，说谁能发现这里面有几张跟其他大部分不一样的有奖。这些网民一点医学知识都没有，但是真有人不睡觉、不吃饭给他找出两三张跟其他大部分不一样的 CT 图。其实网民并不求什么奖,是为了显示他的能力。我们经常说"有困难找警察",实际上还应该说"有困难找网络"。

互联网的发展,从传数据到传话音到传视频,现在传 M2M,也就是机器到机器业务;从有线接入到无线接入,还有宽带接入、移动接入,从拨号接入到永远在线;互联网从网络业务到电信业务、媒体业务、物联业务;互联网从研究网到商业网再到泛在网。四十多年来,互联网发生了翻天覆地的变化,互联网以及它的能力已经远远超越了它诞生之时的初衷。

现在我们都在谈未来的互联网或下一代互联网。首先大家都希望解决安全性、可用性和可信性。互联网最早的设计是没考虑移动的,未来希望对移动化方面能更优化,还希望能适应物联网的应用。所以我们希望下一代互联网它是宽带的、移动的、泛在的、安全的,互联网应该是可信的互联网、移动互联网,应该是能支持物联网的互联网,能支持泛在网的互联网。

(十) 移动终端的演进

移动终端的演进是大家最熟悉的。原来的手机只能听和讲,现在可以看和写,可以在上面触摸,手机还可以用来导航,可以查地图、查信息,人机接口发生了很大的变化。我们可以回想一下我们的手机。2000年手机有个 MP3 可以听歌,2001 年有彩屏,2002 年有照相机,2003年可手写输入,2004 年能录音,2005 年可以看电视,2006 年有 GPS,2007 年能上 WiFi,2008 年有触摸屏,2009 年嵌入各种传感器,2013年的手机已经有八核处理器,有光线感应器,白天不发亮,晚上自动发亮。我是老花眼,我要把手机靠近看短信,它自动把字变大再重新编辑,不能让字跑出屏幕。现在手机上有各种各样的传感器,其中有重力传感器，就是陀螺仪，老人带有重力传感器的手机，他能区别你是弯腰还是摔跤，一旦摔跤一时爬不起来，短信发给你的亲人和发到医院，医院查一下这个机主是80岁以后还是90岁以后，再一查有什么基础疾病，如果你没爬起来，根据手机定位，救护车开到你身边。

手机触摸屏是苹果公司开创的，有些公司为了对抗这个专利，就采用不触摸的方式，比如，隔空控制，或者眨一下左眼，眨一下右眼，点一下下巴就可以了，为什么呢？手机装有摄像头能够感知机主的动作。日本福岛核辐射之后，日本有些手机里装了核辐射传感器，测试这个地方辐射指标。现在在北京，有公司准备开发PM2.5传感器，带在手机上。2013年，中国发现H7N9禽流感，有个公司说要开发可检测H7N9并能装在手机上的传感器。总之，各种各样的功能都可以装在手机上，家里面的家用电器除了电冰箱、洗衣机、微波炉、空调装不进去以外，现在很多功能都可以装进手机里。你出门，不用担心你忘了带钱包，可千万别忘了带手机，手机已经是人人离不开了。

为什么移动互联网发展这么快？手机屏幕远远不如台式机，手机的资费无论怎么说都比台式机高，手机的带宽即使是你搞5G也不如固定宽带，那么为什么移动互联网发展这么快？因为它随时随地个性化、虚拟化、娱乐化，能知道用户的身份、用户的位置、用户是否在线，用户终端使用的偏好、用户消费信息统计，它能定位你，它能知道你是谁。台式机上有多少应用？没多少应用。手机上有多少应用？苹果的手机和安卓的手机都有上百万种应用。所以，移动互联网一定会要超过桌面互联网，成为未来互联网发展的一个更新的浪潮。它可以三屏互动，可以提供位置服务，因为它跟着你走，因为手机与机主的身份关联，所以手机可以实现移动支付，这些都是原来桌面互联网没有的。

现在又出现可穿戴终端了，比如谷歌眼镜，它的摄像头500万像素，可拍和播出720p的视频，可存储12GB，能与Google云存储同步。谷歌眼镜要卖一千多美元，还挺贵，现在还搞不清楚它有什么应用。Google现在还继续开发带有3D显示和增强现实的智能眼镜。百度的智能眼镜通过移动通信与后台云平台相连，将所见到的场景送到云端来搜索，再通过声音反馈回机主，实现所见即所得。现在能监测人的体温、运动状况和睡眠状况的智能手表已经较大规模进入市场。这些是智能终端跟物联网结合的产物。

（十一）物联网

刚才就谈到物联网。物联网是一种从传送到感知和面向分析处理的应用。物联网底层有被感知的对象，有很多感知单元在收集信息，这些信息通过通信网汇集，最终是要分析以支持决策，因为收集信息的目的是为了应用。以下是物联网的应用例子：

1. 智能电网

在美国最早物联网应用是从电网开始的。用电方通常都不会告诉发电方我什么时候开始用电了，所以用电负荷是不容易掌握的，再加上风电、太阳能的出现，这些是不稳定的电源。由于不稳定的发电和不稳定的用电，美国电网利用率很低，每年损失 790 亿美元。电网要波动，怎么解决呢？装上智能电表，把电表数据实时回传，发电方可以统计用电量，然后得出怎么均衡它的发电量，提高用电效率。中国国家电网公司的出发点不仅如此，他们对于 2008 年南方的冰雪灾害还心有余悸。2008 年我国南方发生冰雪灾害，大量的电杆都倒了，所以国网公司说，中国需要坚强的智能电网。我们的电网不够坚强。2008 年在奥运会期间，从内蒙古输电到北京，电塔和电线杆底下有 24 小时轮流值班，我们是用人海战术维护电网安全。前几个月，贵州电线也结冰了，不过贵州已经采取了措施，在电杆上装了摄像头，事先发现电线结冰以后，派人拿竹竿去敲，当然这个办法有点笨，但是不至于把电杆拉倒了才知道。物联网不仅仅用于输电，实际上对发电、配电、用电都是有用的，特别是用电。我们现在老提峰谷电价，实际上如果你家里的电表是传统电表，根本分不清你是什么时候用电，何谈峰谷电价呢？江苏一个企业用了智能电表，很好地躲开了峰值时候用电，每年电费能省个几百万元。

2. 智能交通

再看看物联网在城市管理中的应用。现在中国大中城市都面临交通拥堵问题，而且容易发生车祸。利用马路上的埋地线圈和路边的摄像头可以感知车流状况。实际上汽车里头的电子成本已经相当高了，中国的进口汽车，高档车里面的电子产品占了成本的 50% 以上，低档车也占了 20%。怎么把车里面的电子设备与马路上的信息系统结合，提前产生预警，就可以很好地避免交通事故，也能优化道路交通状况。当然现在还有点困难。为什么呢？中国汽车的发动机和电子产品基本都是国外的，所以以前我们工程院的院士说，我们的国产车既有"心脏病"也有"神经病"。现在心脏病解决了，有国产发动机了，神经病还没有解决。我们可以把月球车送到月球，但是现在汽车电子还是有很多人不敢去碰，为什么呢？里边有几十个中央处理器（CPU），有几百万行软件，因为它跟安全有关。不过最近有了好消息，国家开始重视这个事情，还是希望要突破。当然不仅仅是为了安全，还为了防止交通拥塞、优化道路交通状况。

3. 智慧物流

物流涉及很多环节。中国的物流成本比发达国家高一倍，发达国家的物流成本占 GDP 的 8%—10%，中国占到 18%。为什么呢？除了北京因为奥运会，上海因为世博会，广州因为亚运会，这三个地方机场好不容易通了地铁，除此之外，中国没有一个城市机场是通地铁的。为什么呢？部门分隔，互相隔离。所以导致码头不通地铁，机场不通地铁，结果货物到了机场、码头、车站等都必须卸下来重组再转运。当然，这是体制问题，不是技术问题，需要通过改革才能解决。抛开这个体制问题不谈，我们谈谈技术问题。因为互联网技术的发展，在物流业中，现在可以用 RFID（射频标签）实现对在途物品的跟踪追溯，用 GPS 的智能配送实现可视化管理，还可以实现冷链管理。所谓冷链管理，就是利用具有记忆功能的温度传感器对温度敏感性产品在生产、运输、销售各环节的低温环境的保证。我们现在都很关心食品安全，但是实际上很多食品安全问题不完全出现在生产环节，而是出现在流通环节。以水产品为例，发达国家的冷链流通率95%、100%，基本上都是装冷藏车，中国是多少？2015年的指标，水产品只有36%。在运输的环节，仅果蔬类中国每年损失一千亿元。所以，这也是物联网可以发挥作用的领域。很多食品，往往只关心保质期，认为没过保质期就是合格的。其实运输和储存的温度与湿度也需要监控。也就是说，在物流上面我们还有很多工作是可以做的。

4. 智慧环保

环保也是我们头疼的一件事。在美国密西西比河，工作人员把一个装置沉到水底取样，再在水面取样，通过卫星或其他无线手段发出去，把沿途的水样都抽取以后，利用后台的云计算、数据中心来分析出每个点的污染状况，给出一个数字化的河流模型，可以让人们在网上点击即可知道每一段河流的污染情况。

5. 居家健康监视

再说说物联网在健康领域的应用。老百姓关注健康，最好能治未病。实际上物联网可以利用戴在身上的各种各样的传感器，测血样，测体温，甚至现在可以不扎出血测血糖，测出来的数字可以通过手机送到医院，由医生诊断。用苹果手机的用户在美国拿2.99美元可以下载一个应用，把这个软件装在手机上以后，把手机贴在肚皮上，假如有发炎的症状，以及有癌症前期的症状，它就发红。目前准确性还不能保证，至少有提示作用。这些数据通过手机传到医院，医院的医生可以调用你的病历来提醒你注意。不过这种软件在中国的使用有一个问题，为什么呢？美国有私人医生，在中国，你离开医院以后你就不是医院的病人了，所以中国未来要推广这种健康医疗软件，就要搞社区医院、社区医生。

6. 产品运行监视

物联网还有很多用途。例如，日本小松公司做挖掘机的，出厂的挖掘机都装 GPS，都装无线系统，用来跟踪挖掘机的开工率，如果卖出去的挖掘机今年开工率都不足，明年市场肯定不好。再比如，陕西鼓风动力厂生产大型鼓风机，供化工企业、冶金企业用，原来这些企业的一个鼓风机出故障，一停下来损失不得了。现在陕鼓动力也实现了在线的监控，能够提前预警并提前维修，为此增加了服务收入并占到总收入的三分之一。

7. 智慧城市

现在我们很多城市都很热衷于建智慧城市，感知城市、无线城市、数字城市、宽带城市是智慧城市的必要条件。真正的智慧城市还应该是创新城市、人文城市、平安城市、幸福城市、宜居城市、健康城市、绿色城市，这才是智慧城市应有之意。感知是基础，而智能决策是目的。中国现在宣称建的智慧城市的数目，超过了全世界其他国家已经报出的建设智慧城市总和的两倍都多。中国现在是智慧城市热，需要注意智慧城市是管理比硬件更重要，百姓的参与度是衡量智慧城市成功的标志之一。

二、大数据时代的机遇

（一）政府的数据

物联网的数据中最多是什么呢？摄像头的监控数据。我们现在很多城市主要道路上都装了很多摄像头。公安部门要求摄像头使用高清的，一个 8Mbps 摄像头一小时产生 3.6GB 的数据，很多城市的摄像头多达几十万个，一个月的数据量达到数百 PB，若需保存 3 个月则存储量达 EB 量级。

（二）制造业的数据

马航 MH370 已经失联了很长时间了，它飞了一小时以后就关了所有通信系统，但是不是它一点没有通信呢？不是，它的引擎是 CE 公司的，GE 为了检测飞机发动机的运行，在每个引擎上都装了 20 个传感器，然后实时检测引擎的运行状况，以便准确知道飞机落地后是否需要维修。这次马航的事件，GE 公司发现在飞机停了通信以后，还七次收到马航 MH370 引擎发出来的信号，每隔一小时发一次，根据判断，马航在关掉通信以后，仍然飞行了 7 个小时，而且根据传感器数据发到卫星的时延进行判断，它掉头飞到南印度洋了。它实际上又飞了 7 个小时，相当于伦敦到纽约的距离，也就是说它实际上传了 640GB 的数据给 GE 公司了。美国实际上每个月都在收集这些数据。这个事情出现以后，很多人大吃一惊，我们的飞机飞到哪里美国人都知道啊。现在，不论波音还是空客的飞机，发动机公司都对引擎进行监视。马航 MH370 出事后，国际民航组织要求飞行中的飞机引擎的数据从每小时上传一次改为每 15 分钟上传一次。

（三）服务业的数据

国家电网年均产生数据 510TB（不含视频），累计产生数据 5PB。中国联通每秒钟用户上网记录 83 万条。

农夫山泉的老板让他的销售人员每天跑一个城市，跑十个超市，每个超市要回传农夫山泉的销量怎么样。怎么传呢？他让销售人员拿着手机拍一下这个超市的农夫山泉的矿泉水瓶摞多高，竞争对手的矿泉水瓶摞多高。早上拍一次，中午拍一次，晚上拍一次，每天传十张照片回来，老板要看照片，每个月传回来 3TB 的数据。

北京公交一卡通的使用量很大，公交一卡通每天刷卡 4 千万人次；地铁 1 千万人次，北京交通调度中心每天数据增量 30GB，存储量 20TB。

工商银行积累的数据 4.5PB，农业银行存档的数据也达 PB 级，各大银行也都拥有大数据。

（四）医疗的数据

我们医院的病历堆积如山，还有各种 CT 影像资料，一个病人的 CT 影像往往多达两千幅，数据量已经到了几十 GB。如今中国大城市的医院每天门诊量上万人，全国每年门诊人数更是以数十亿计，住院人次已经达到两亿人次。按照医疗行业的相关规定，一个患者的数据通常需要保留 50 年以上。以中山大学第一附属医院的存储数据为例，2008 年为 100TB，2015 年将达到 1000TB。

（五）网站的数据

淘宝网光棍节的时候，一分钟高达 9 万笔交易，现在在阿里数据平台事业部的服务器上有超过 100PB 已经处理过的数据。百度每天要处理 60 亿次搜索请求，每天新增 10TB 数据，目前存储网页近 1 万亿，数据总量达到 EB 级。腾讯每日新增 200—300TB 数据，经过压缩以后的数据总量为 100PB。新浪微博每天晚上高峰期每秒要接受 100 万以上的响应请求。所以，网络也是大数据。

（六）互联网流量的变化

1998 年，全世界平均每个网民每个月下载 1MB，到 2008 年，这个数据是 1000MB，到 2014 年是 10G，也就是说在座的各位如果在网上一个月下载不到 10G，还没达到全世界的平均水平。

我们通常都用全球 IP 流量累计达到一个 EB 所要的时间来表达互联网流量的变化情况。2001 年，全球 IP 流量达到 1EB 所需时间为一年，2013 年为一天。现在一天的流量等于原来 2001 年的一年的流量。一本《红楼梦》连标点符号共 87 万字，一个汉字是两个字节，所以全书数字化以后是 1.74MB，一个 EB 相当于什么呢？相当于全世界 70 亿人，人均拿一百部《红楼梦》，到第二天再换另外一百本，就相当于这么个量。实际上，现在全世界新产生的数据量每年增加 40%，也就是说每两年数据量就翻一番。2013 年和 2014 年全世界新产生的数据量等于人类有历史以来，一直累计到 2012 年所产生数据量的总和，两年等于一万年。2013 年全世界新产生的数据量 4.1ZB，把这些数据装到 iPod 里，这个 iPod 是 32GB 的，可以装多少个 iPod？装 1300 亿个。1300 亿个是什么意思？把 iPod 当砖用，一个 iPod 已经很薄了，5 个 iPod 才当一块砖，把这些 iPod 当砖用可以砌起 4.5 座中国的长城。所以说，现在已经进入大数据时代。

（七）大数据的定义

什么叫大数据？没有权威的定义。维基百科给出的定义是：大数据是指无法在容许的时间内用常规软件工具对其内容进行抓取、管理和处理的数据集合，大数据的规模其标准是持续变化的，会水涨船高，当前泛指单一数据集的大小在几十个 TB 和数 PB 之间。

大数据顾名思义首先是大，当然大数据的定义特点并不是因为大我们才重视，还有一个因素是变化很快。另外它品种很多，有结构性的，非结构性的，半结构性的。什么叫结构性的？Word 文档的数据，文字的数据就是结构性的；非结构性呢？照片、视频，都是非结构性的。如果光有这些大、快和变，还不足以说明大数据有用，关键是它有价值。说到大数据的价值，我们只能先说，大数据总的来说，价值密度低。也就是说大数据里头，大量的数据是垃圾，但是它里面有金子，就是要沙里淘金，海底捞针，把有价值的东西挖出来，这就是价值。当然海底捞针说起来容易做起来难，确实有难度。

（八）大数据在宏观经济分析中的应用

大数据有什么用？ IBM 日本公司构建了一个经济指标预测系统，从互联网新闻里搜索影响制造业的 480 项经济数据，计算出采购经理人指数 PMI 预测值。

印第安纳大学的学者利用谷歌提供的心情分析工具分析上千万用户的微博留言。分析什么？预测道琼斯工业指数。用户的留言哪儿会包含道琼斯工业指数呢？一个地方的经济好坏，都反映在用户通常的通信信息里头，他会抱怨，会开心，等等，因此这个预测的准确率达到 87%。

淘宝网有个淘宝 CPI，这个指数通过采集、编制淘宝网上成交额比重达到 57.4% 的 390 个类目的热门商品的价格走势，反映网络购物市场整体状况，以及城市主流人群的消费状况，它对商品价格的反映比国家统计局公布的 CPI 更敏感。

（九）大数据在制造业的应用

百度跟一汽合作分析汽车市场。怎么分析呢？现在大家买新车用不着到 4S 店去看，在网上看一下，看看其他网民的评价就行了。百度根据搜索引擎上与汽车有关的关键词以及搜集网民对汽车的评价反馈给一汽，什么样的车型、什么样的价位比较好卖，用户对什么汽车投诉更多，用户希望汽车怎么改进……把这些信息提供给一汽。

（十）大数据在农业中的应用

硅谷 Climate 公司的创办人是两个从谷歌跳槽出来的人，他们从美国政府开放的数据中得到 30 年的气候、60 年的农作物收成、14TB 的土壤数据，还收集 250 万个地点的气候数据，向农户提供天气变化、作物、病虫害和灾害、肥料、收获、产量、市场价格等咨询和保险服务，承诺每英亩的玉米利润能增加 100 美元，如预测有误将及时高额赔付。他们到现在没有赔过，最近还被美国最有名的种子公司孟山都收购了，他这个公司才二三十个人，孟山都开价 11 亿美元收购它。为什么呢？它能准确预测农业形势。不像中国，农民是靠简单的判断，今年猪肉贵了，如果农民大量养猪，明年猪肉一定便宜。我到河南，河南农民说，我们聪明了，政府喊我种葱我就种蒜，政府喊我种蒜我就种葱。山东寿光那个大的农贸市场，里面有个显示屏，北京黄瓜三块钱一斤，本地黄瓜一块钱一斤，我就问一个农民，你怎么不把黄瓜运到北京去？他说不能运去，运去八毛钱都卖不到。我说为什么？他说这一信息在这里三千个人都看见了，谁能运啊。我说那信息化对你没有用了？他说，如果这条信息只告诉我一个人，我肯定发财。如果能够先于其他竞争者获得大数据分析的结果，就能在市场中抢得先机。

（十一）大数据在商业中的应用

大家都到超市买东西，到沃尔玛也好，家乐福也好，买东西结账的时候打印一张条，表明购买的商品和价格。沃尔玛根据这个购物单子统计，买 A 商品的顾客同时买 B 商品的比例有多高，它要知道什么样的商品搭配在一起卖得好。因此，就产生了一个有名的案例，就是把尿不湿跟啤酒柜台放在一起最好卖。为什么呢？年轻的爸爸奉命到超市给小孩买尿不湿，顺便犒劳自己买啤酒。有的时候超市根据顾客购物行为的分析，能够优化它的商品排列。

美国有个排名第二的折扣超市叫 Target，该超市认为最好的顾客是女性，女性顾客里头谁最愿意花钱买东西？孕妇，但是等她三四个月看见腹部的形状了，再判断她是孕妇已经为时过晚了，最好能在还没看见腹部的形状时就能判断她是孕妇。那怎么判断呢？孕妇可能会喜欢买一些没有刺激性的化妆品，购物时特别关心婴儿用品等等。那超市怎么知道呢？商场不是有推车吗，推车上装了传感器，装了定位系统。顾客只要推着这个购物车停在柜台前面时间长，哪怕你不买，它也知道你对这个东西感兴趣，因此你可能是孕妇，然后就把孕妇的广告邮递给你。

本来这个事情做得不错，可是有一天，《纽约时报》登了一封投诉信，一个人说我家里只有一个上初中的女孩子，但是 Target 超市却把孕妇和婴幼儿用品的广告送到我家里。Target 公司第二天在《纽约时报》登了道歉信，说我们使用大数据也有搞错的时候。过了一个礼拜，告它的这个人又在《纽约时报》登了一封信，说错怪这个公司了，我发现我的女儿意外的怀孕了。也就是说实际上你的购物行为也都是可以分析的，也都是可以推断的。

（十二）大数据在互联网金融的应用

英国的德温特资本市场分析全球 3.4 亿微博账户留言，判断民众情绪是高兴还是焦虑，一般人们高兴的时候会买股票，焦虑的时候会抛股票，该公司统计全世界此时此刻高兴的人多还是焦虑的人多，从而抢在大家买股票之前买股票，抢在大家抛股票之前抛股票，所以这家公司的收益一直很好。

大家在淘宝上买东西，通过支付宝，你的支付宝通过银行把钱放在淘宝网商家了。商家要做买卖，首先要进货，有些商家就没那么多钱，中小企业也没什么担保，难以从银行贷款，淘宝怎么办？我不用你担保，你来往的交易都在我上面，我记住了你这个商家交易状况是不是好的，你是不是一个健康诚信的店，客户投诉是不是少，因此我来判断你的信用情况，网上申请不用担保，直接给你放贷，3 分钟搞定。每一笔贷款的成本，阿里巴巴公司只有 2.3 元，银行做一笔贷款成本是 2300 元，阿里贷款的坏账率是 0.3%，我们四大商业银行要担保但坏账率是 1%，所以说中国的诚信系统建立得不够完善，但是阿里巴巴公司可以在没有外界的诚信系统的时候，通过网上交易的系统来建立它的诚信系统，来放贷。后来阿里巴巴觉得光做小贷没意思，把支付宝转到余额宝，然后把老百姓的钱集中起来，通过天弘基金跟银行谈，谈什么呢？我们银行对一般客户利息是 0.3%，而对大客户是 6%—7%，所以阿里这样一来把散户的钱捆绑起来，变成一个大客户，从银行拿到 6%—7% 的年化收益率，当然他把大头还给客户，自身拿了小头，可是即便自身拿小头，每天也是上百万的收入。

所以现在来看，这个"宝"那个"宝"，2013 年年底所有的"宝宝"资金规模加起来是大概不到 1 万亿元，我们银行的资金规模是 100 万亿元，所以对银行来讲，这些互联网金融的规模也就是这些银行资金规模的 1%。但是有两种看法。有些银行说，它才 1%，影响不了我银行，而且这些"宝宝"的客户都是些"屌丝"，没多少钱，我们银行的客户是"土豪"，我们怕你吗？但是也有银行说，不行，现在的"屌丝"10年以后成为"土豪"了，让他们养成在阿里巴巴上贷款、存款的习惯，那将来谁还找银行，所以现在还是想把它封杀。至少我觉得要让它起到一个推动利率市场化和倒逼银行改革的作用。

（十三）大数据在医疗卫生的应用

Google 把 5000 万条美国人搜索词和美国疾控中心在 2003—2008年间流感传播期的数据进行了比较，建立数学模型，结合 45 条检索词条，在 2009 年甲型 H1N1 流感爆发的几周前，Google 就给出了预测，与疾控中心数据相关性高达 97%。中科院与百度合作，精选了 160 多条关键词，对 5 年来的数据进行建模分析，先于卫生部门公布前几周得出中国艾滋感染人群的分布情况，估值基本一致。

（十四）大数据与治安管理

2012 年美国加州大学分析洛杉矶市过去 1300 多万起案件，找到了各小区发案与日期、天气、交通状况及其他相关事件的关系，建立犯罪活动预测平台，当地财产犯罪率和盗窃案件分别下降 12% 和 26%。

（十五）大数据在军事领域的应用

美国政府在 2012 年 3 月发布《大数据研究与发展倡议》，推动核心技术研发和强化国土安全。要求美国国防部利用大数据将分析人员从任意语言文字资料中提取信息的能力提高 100 倍，要求美国中情局利用大数据将分析搜集数据的时间由 63 天缩短为 27 分钟。要求美国反恐中心一天查看的数据库超过 120 个，每天处理 1 万—1.2 万条情报信息。

世界经济论坛 2012 年发布报告，认定大数据为新财富，价值堪比石油。麦肯锡说，大数据是下一个创新、竞争、生产力提高的前沿。数据就是一种生产资料。

三、新产业革命的挑战

（一）从数字化制造到数字化工厂

过去我们都讲数控机床，把程序装在机床上，机床按规定的程序加工，看上去很好，实际上被加工工件在不同时间、不同材料上有一点偏差，按同一个程序加工并不是最优的，所以现在希望什么呢？智能加工，也就是说加工的过程要反馈过来，利用传感器实时将被加工工件的状态反馈到程序，从而进行智能的控制。另外呢，计算机的协同作业，比如说一台汽轮机，过去我们都会把每一个零件做出来，然后凑在一起，才能知道这些零件的公差配合，现在呢，计算机就可以检验所有的零件了，就能做到公差配合了，所以将来的数字化，要转到数字化设计和智能化制造，这里面主要是依靠信息技术。

（二）基于 3D 打印的制造业个性化

现在 3D 打印很热。3D 打印将设计好的产品在计算机上虚拟化切片，就像做 CT 那样切成一层一层的 2D 平面图，通过一个像打印机一样的机器，将适合 3D 打印的材料层层叠加，通过激光烧结等方式便成为产品。3D 打印可用的材料有塑料、陶瓷、金属等。传统的制造通过切削将大块原料加工为产品，这是"减法制造"，而 3D 打印是"加法制造"，可以缩短新产品开发时间，适应个性化生产。加法制造大大地节省了材料，不会浪费材料，因此这是一个很好的模式。美国人希望通过 3D 打印，把制造大国的地位抢回来。实际上三维打印做人造牙齿、人造骨头等个性化的产品，做样机，这些都没有问题，做一些极大的、根本没法开模具的那些东西是它的强项，但是一般的常规的大规模产品加工，3D 打印在成本上目前还是代替不了的。但无论如何，3D 打印代表了先进制造技术的发展趋势之一。

（三）基于大数据的新材料设计

2011 年美国宣布一个"材料基因组计划"，主要是设计材料。过去我们要做材料都是凭经验，选择配方，试来试去觉得不行，就需要重新选一个。现在，美国认为要从大数据入手，获得材料的分子—原子排列—金相—显微组织—材料性能—环境参数—使用寿命等之间的关系，然后根据用户最终的要什么性能和功能的材料，找出最终的成分配方。这一计划的目标是把发现、开发、生产和应用先进材料的速度提高一倍。以发动机为例。发动机的喷嘴材料是最难做的，需要耐高温、高压和高速旋转及老化，现在通过计算机模拟可以优化材料的选取过程。另外还有一种超材料，这个材料不是特殊材料，而是一种可通过微纳米尺度加工获得新特性的材料，比如说人穿了用这种加工后的材料做成的衣服，就可以隐身，好像是透明的一样看到在他身体后面的汽车。为什么呢？因为电磁波绕开他走。这种材料将来可以做隐身飞机、雷达等。也就是说，基于大数据分析，通过对复合材料在物理尺度上的结构有序设计获得超常物理性质，这就是超材料。

（四）大数据促进生物产业"基因"化

现在有一种学科叫合成生物学。什么是合成生物学呢？比如说，一头奶牛，通过重组蛋白，让牛奶变成带感冒药的牛奶；或者番茄，通过重组蛋白，生产出带降血糖药的番茄。以后生病就不用吃药了，喝牛奶吃番茄就能治病。把药物生长在生物里头，这叫什么呢？这叫生物反应器，让这个生物本身带药性。合成生物学不是转基因，转基因是简单地把一个基因转掉，而合成生物学是把一个DNA改组，像编程序一样，把DNA当成零件，一个个拼装，可以拼装出新的生命。这门学科将来准备用在什么地方？现在很多人等待肝移植、肾移植，将来养一头猪，把猪的肝脏、肾脏，改造成跟人的器官一样，然后在需要移植肝、肾的时候，杀一头猪就行了。目前这一技术还在探索中，但它预示新的一轮革命。

（五）第三次工业革命

第一次科学革命是在16世纪，当时哥白尼、伽利略、开普勒、牛顿、法拉第等，构建了新的世界观和方法论。因此科学革命之后，以蒸汽机的发明和应用为标志，带动了第一次技术革命和第一次工业革命，然后，是第二次技术革命和第二次工业革命，第二次技术革命是以电力和内燃机的发明为标志的。第二次科学革命发生在第二次技术革命之后。第二次科学革命是爱因斯坦提出相对论、沃森和克拉克发现了DNA双螺旋分子结构、图灵提出可计算理论、冯诺依曼提出计算机体系结构，揭示了微观粒子、宏观宇宙、生命本质。第二次科学革命带来了第三次技术革命，第三次技术革命以信息技术，以及核能、新材料和生物技术等的重大突破为标志。第三次技术革命将带来第三次工业革命。如果说第一次工业革命是机械化的工业化，第二次工业革命是电气化的工业化、自动化的工业化、信息化的工业化，现在第三次工业革命，希望是智能化的工业化。如果说第一次工业革命带动了英国的兴起，第二次工业革命带来了德国的领先、美国的崛起，那么现在第三次工业革命会给哪一个国家带来机遇呢？第一次工业革命是投资驱动，第二次工业革命是技术驱动，现在又转到创新驱动，所以说现在是新一轮的工业革命的时代了。

什么是第三次工业革命？保罗·麦基里在《经济学家》杂志中写道，"一种建立在互联网和新材料、新能源相结合的第三次工业革命即将到来，它以'制造业数字化'为核心并将使全球技术要素和市场要素配置方式发生革命性变化"。美国国防部认为未来 20 年最有潜力从根本上改变制造业的领域是信息技术（半导体等）、先进材料、添加制造、生物制造。德国人说，把物联网与服务应用到制造业正在引发工业 4.0。现在有特斯拉汽车，特斯拉汽车不是汽车上的革命，是把汽车上的电池的管理革命了。这么大动力的汽车，要将很多电池组串并联，而每一个电池组的电压很难做到一致，因此充放电时容易发热，效率大大地打折扣，特斯拉利用传感器和软件实时监控每一个电池组，逐个电池组优化充放电电流，让电池组能够并联。所以特斯拉实际上是信息技术的进步，带来一个新的汽车。

（六）抢占科技制高点

为了抢占未来科技制高点，各个国家近年来都发布了很多新战略，美国有《国家创新战略》、《重振制造业框架计划》、《新能源计划》、《Cyber 空间国际战略》、《国家宽带计划》、《国家太空政策》、《国家生物质能滚动发展计划》、《先进制造伙伴关系计划》、《大数据研究和发展倡议》、《脑科学计划》等；欧盟提出《欧洲 2020 战略》，提出三大目标：支持以知识和创新为基础的智慧增长，以提高资源利用率、发展绿色经济和强化竞争力为内容的可持续增长，以提高就业率和消除贫困为目标的包容性增长，优先发展领域包括信息技术、节能减排、新能源、先进制造、生物技术等；日本发布"创建最尖端 IT 国家宣言"以开放数据和大数据为核心的新 IT 国家战略……也就是说，发达国家纷纷瞄准了新一轮的技术革命，要出台国家的战略。美国的大数据开发战略，分别给卫生部门、科学部门、国防部、能源部、中情局、反恐中心大数据开发的资金和任务。

在新一轮革命中，网络信息技术占有突出位置。信息技术是标准化程度最高的领域，1975—2010 年，全球每新增 6 个标准中就有一个是信息通信技术标准。信息技术又是专利竞争最集中的领域。在 1978—2012 国际 PCT 专利申请量前 20 名中，信息通信技术企业占 70%。在前 50 名中美国占 36%，日本占 24%，德国占 18%，中国仅有华为与中兴公司入围。

信息技术对 GDP 增长，对中小企业的利润、对创造就业岗位都很有帮助。麦肯锡公司认为互联网将给全球中小企业带来平均 10% 的利润增长，美国波士顿咨询公司认为 2016 年互联网将对中国 GDP 贡献 6.9%。另外，信息技术支撑节能减排。现在信息技术的能耗，占总能耗的比例只有 1.25%，不多，但是往后发展占总能耗的比例会增加，到 2020 年将占到 2.69%，翻一倍以上。但是信息技术创造的效果，是五倍于其本身的能耗的，也就是说信息技术不但带动经济增长，还能带动节能减排。

（七）从网络大国到网络强国任重道远

中国是网络大国，2013 年中国信息产业占 GDP 的 6.24%，产品出口占我国外贸的 35.3%，出口额为 7807 亿美元，进口 5495 亿美元。中国生产了全世界 70% 的手机、50% 的计算机、将近 50% 的彩电，可是，中国现在计算机的操作系统是微软的，芯片是由英特尔把持的，手机操作系统基本为苹果公司和谷歌所控制，网络安全受制于人。我国是移动通信手机最大生产国，产量占全球的 70%，但是国产 CDMA 和 WCDMA 及 LTE 的手机受美国高通公司专利制约，索要的专利使用费高达手机销售收入的 50%。中国集成电路市场占全球一半，但中国自行设计生产的集成电路产品只能满足市场需求的 20%，2013 年中国进口集成电路 2313 亿美元，高于原油进口的金额（2196 亿美元）。

（八）中国的网络安全形势严峻

《中国互联网发展报告（2014）》报道，我国面临大量境外 IP 地址攻击威胁，国家互联网应急中心监测发现，在 2013 年，境内 1090 万余台计算机主机被境外服务器控制，其中美国占 30.2%；我国境内 6.1 万个网站被境外控制，较 2012 年增长 62.1%；2013 年针对我国银行等境内网站的钓鱼页面数量及涉及的 IP 地址数量分别较 2012 年增长 35.4% 和 64.6%。

我国在隐私保护方面存在缺陷。一些宾馆或旅客管理软件公司盗卖住宿者信息，或由于黑客的攻击，网上有 2000 万开放数据被泄露，一些"查开房信息"的网站宣称，只需输入姓名，就能查出开房者身份证号、电话、住址等信息。美国哈佛大学一个研究队伍将遗传学数据库与其他公共数据库交叉参考，能从匿名数据中识别出个体，仅仅使用地区编码、出生日期和性别，准确率就达到 42%，如果增加名字或绰号，精确度能提升 97%。就是说，匿名的也是可以分析的。

（九）中国在大数据方面面临挑战

中国新存的数据量是日本的 60%、北美的 7%，中国的人口比日本多得多，但我们很多数据不存，而且存下来的数据共享利用不足，导致信息不完整和重复投资。我们在自主可控的分析技术产品方面，跟发达国家有差距。我们缺乏懂得数据又懂得行业的应用人才，我们很多数据也没有得到很好的保护，IDC 公司认为中国该保护的数据中有一半没有得到保护。2013 年 6 月 G8 会议签署《开放数据宪章》，承诺在保证国家安全和公民隐私情况下，开放政府数据是基本要求，开放数据是开放政府的标志，是智慧城市的前提，有利市民监督，提升公共效率，激励技术创新。麦肯锡公司认为开放政府数据将为全球经济增长带来数万亿美元的红利。政府数据公开是一场革命，这是简政放权的措施，既涉及改革也需要法律来保证。目前我们没有信息公开法，没有信息保护法，数据该公开的我们没有公开，该保护的没有保护，而且很多地方一哄而起，都说要建云计算中心、要建设大数据中心，实际上对存下来的数据没有很好的挖掘分析。我们需要制定国家大数据发展战略。大数据是一个应用驱动性很强的服务，其标准和产业格局尚未形成，这是我国跨越发展的机会，但切忌一哄而起，在目的不明情况下到处建设大数据中心，需要从战略上重视大数据的开发利用。我们既要鼓励面向群体而且服务于社会的数据挖掘，又要防止针对个体侵犯隐私的行为，提倡数据共享又要防止数据被滥用。习总书记指出："信息资源，日益成为重要的生产要素和社会财富"，"没有网络安全就没有国家安全，没有信息化就没有现代化"。

（十）大智移云的时代

现在是一个大智移云的时代。什么叫大智移云？云计算、大数据、移动互联网、物联网。如果说 20 世纪 80 年代以前是计算机作为创新平台，2005 年以前是以互联网作为创新平台，现在大智移云就是创新平台。在这个时候，要特别注意颠覆性技术的影响。什么叫颠覆性技术？数码相机出来颠覆了传统的相机。数码相机谁发明的？柯达公司。柯达公司发明了数码相机，但为了保护它的胶卷好卖，把数码相机技术锁在抽屉里面，结果东芝开发数码相机，1988 年，数码相机进入中国市场。中国当年决定注资 8 亿元人民币给乐凯公司生产胶卷。乐凯公司现在胶卷生产只占它的销售收入的不到 2%，而柯达公司面临破产和转型。1994 年，我国在大连与松下公司合资组建华录公司，准备生产录音机和录像机，但到我们生产线开始可以生产的时候，发现市场没了，因为这些设备已经被 VCD 和 DVD 所取代。2004 年 LCD 彩屏已经问世，安彩集团仍收购美国康宁公司的 CRT 电视机生产线，没等开工，CRT 显像管的市场已经开始萎缩，同年 TCL 公司收购法国汤姆森公司 CRT 电视机生产线，导致连续两年亏损。现在以苹果公司的 iPhone 为代表的智能终端颠覆了以诺基亚为代表的传统终端，微信颠覆了短信也分流了传统电话。

Gartner 公司 2013 年发布了影响今后的十大技术，包括软件网络、大数据与存储、混合云服务、集成系统、移动性和多屏应用、物联网、开放计算、虚拟数据中心、IT 需求、组织防御与入侵。麦肯锡公司认为 2025 年前有 12 种颠覆性技术，排在前面的是移动互联网、知识工作自动化、物联网、云技术等。美国《华尔街日报》则认为未来有三大技术趋势：大数据时代、智能化生产和无线网络革命。在这个颠覆性技术的时代，关键是创新能力。

四、结束语

　　我们正在进入宽带时代和移动互联网时代，云计算时代、物联网时代和大数据时代也将向我们走来，网络技术正走向换代发展的转折点。大数据的挖掘深化了信息技术的应用，提升了决策的智能化水平。信息化与材料技术、生物技术、能源技术，以及先进制造技术的结合孕育着新的产业革命。新一轮信息化浪潮已经显现其重塑产业生态链的影响力。产业表现出比过去更大程度的融合和渗透，产业变革是机遇更是挑战。要以改革促发展，以创新驱动建设网络强国，实现中国梦。

　　根据 2014 年 5 月 9 日演讲者在"省部级干部拓宽国际视野、深化改革开放专题研讨班（第 1 期）"上的专题讲座录音整理

中国新常态与智慧城市战略问题

刘士林

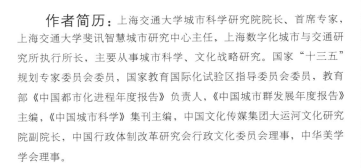

演讲时间：2015 年 4 月 21 日

作者简历：上海交通大学城市科学研究院院长、首席专家，上海交通大学斐讯智慧城市研究中心主任，上海数字化城市与交通研究所执行所长，主要从事城市科学、文化战略研究。国家"十三五"规划专家委员会委员，国家教育国际化试验区指导委员会委员，教育部《中国都市化进程年度报告》负责人，《中国城市群发展年度报告》主编，《中国城市科学》集刊主编，中国文化传媒集团大运河文化研究院副院长，中国行政体制改革研究会行政文化委员会理事，中华美学学会理事。

内容提要：智慧城市主要呈现出三个特点：一是在较多起伏变化中保持相对高水平的增长。二是结构性问题已经出现但整治绝非朝夕之间可以完成。三是数据资源具有更加开放同时也更加封闭的矛盾。智慧城市的战略定位，是一个如何适应"新常态"的问题。需要谨记的：一是"不盲目悲观"，在整体上无需为经济减速过度忧心忡忡。二是"不轻易乐观"，以"如履薄冰，如临深渊"的态度做好自己的战略设计。在顶层设计上，基于目前的环境和条件，应在人文型智慧城市的战略主题下重新布局建设城市的信息技术硬件和服务管理平台，我国智慧城市建设宜以"蹄疾而步稳"作为发展策略。

关于智慧城市战略问题，今天我主要讲几个方面：一是在新常态背景下，智慧城市建设会出现哪些新特点；二是当下智慧城市建设存在的主要问题；三是未来一段时期内的"新常态"做一些深度的概念解读，新常态到底是什么，以及新常态下智慧城市建设的战略背景；四是智慧城市建设的主题和策略，希望在新一轮智慧城市建设的大方向和大趋势上能够提供些有益的参考。

一、智慧城市在新常态背景下呈现三个特点

2014 年 8 月，国家发展改革委等八部委联合下发了《关于促进智慧城市健康发展的指导意见》。尽管"健康发展"这个概念比较委婉，但实际上是对智慧城市建设下了一个"不健康"的评语，当然也是一个新的部署和要求，就是以后不可能再像以前那样做了。如果说以前的主要问题是粗放开发建设、过度依赖投资、硬件与软件错位、重形式轻内容等，那么在当下最重要的战略意识就是：想清楚什么样的速度、规模、节奏和模式才可能是健康的，是继续升温、加速、刺激，还是自己主动调整、换挡和治理，这就是我们要讨论的智慧城市战略问题。战略这个概念现在已经用烂了，到处都是战略，什么都号称战略。什么是我们理解的战略？简单说来，就是要比一般人看得深一点、想得远一点、计划更周密一点、成本资源配置得更好一点，通过设计和组织一个战略，可以把一些长期困扰的问题和矛盾解决掉，而"小打小闹"就不叫战略。现在很多常规性的年度工作计划也被叫作战略，是不合适的。

在新常态背景下，智慧城市主要呈现出三个特点：

一是在较多起伏变化中保持相对高水平的增长。新常态的基本特点是经济发展降为"中高速"，一些局部也可能是中速。在这个背景下，

所有的城市和行业都会面临"下行"和"降温"的震荡和压力。但这同时也是一个面上的普遍的情况，而在不同领域和局部则会有差别。就智慧城市而言，必须考虑的是国家一直在推进的两大战略，一个是信息化，一个是新型城镇化，智慧城市恰好是两者的结合部或者说是载体。因此，和城市的其他领域不同，我们对智慧城市的基本判断是：降温、减速和动荡是相对的，保持较快发展速度的基本态势是绝对的。这个只要看一下电商和电信业的快速增长就不难作出判断。为什么呢？第一是有巨大的市场消费需求，在当下，人们越来越脱离不了物联网、互联网、通讯网等数字化生产生活方式；第二是城市越来越大，政府要有效管理、治理城市，也必须依靠发达的信息化基础设施和信息化工具。尽管中国区域经济和城市发展水平差别太大，有的做得很好，有的做得很不好，上下起伏的现象也会出现，不是每个城市在智慧城市里都可以捞到便宜，但空间很大是不成问题的。

　　二是结构性问题已经出现但整治绝非朝夕之间可以完成。从改革开放以来的信息化建设开始，我国智慧城市已走过了二三十年的历程。从2012年11月住房和城乡建设部印发《关于开展国家智慧城市试点工作的通知》，正式提出建设智慧城市也好几年了。目前，各种智慧城市试点名目不少，主要有国家智慧城市试点、智慧城市技术和标准试点、国家信息消费试点、智慧城市时空信息云平台试点、信息惠民国家试点城市、宽带中国示范城市、基于云计算的电子政务公共平台试点示范等，涉及多个部委和600多个城市，投了很多钱，做了很多项目，但效果并不是很理想。在日常生活中大家都会有一个感觉，不需要的信息整天骚扰你，需要什么偏没有什么？总体上可以说是"成本很高，获得感比较差"，一些结构性和生态性的问题正浮出水面。在部委之间，各种试点之间缺乏协调，你干你的，我干我的。前些天我在苏州评审国家测绘局的数字城市项目，这个项目侧重基础设施，与其他信息化或智慧化建设项目就没有接口。而城市的信息化建设和城市总体规划，不同的通讯信息企业之间，同样也缺乏必要的协调和合作。住建部的主管领导前两年说现在智慧城市建设的最大问题是"企业卖产品"，只要把自己的产品卖出去，钱赚回来，其他都不考虑。所以说，智慧城市建设也到了一个转变发展方式的关口。只有把不同部委的政策、资金、关注点整合起来，把不同企业的技术、产品和利益协调好，才能解决这些结构性和生态性的问题。但实际做起来会非常困难，所以也不是短期可以解决的。这就要求各城市和企业必须学会在这种生存环境中生存和发展，既着手具体项目的建设和实施，也要考虑整体的布局和协调。

三是数据资源更加开放同时也更加封闭的矛盾。这是我们团队一个独特的战略判断，认为数据"开放"和"封闭"的斗争将长期存在，也可以说是大数据时代数据资源开发的"新常态"。现在大家强烈要求"数据开放"，给政府和各种数据占有者造成不小的压力，一些人也乐观地以为"数据开放的春天已经不远了"。但实际上，随着大家逐渐意识到数据本身是战略性资源，以及数据资源的商业开发价值不断提升，特别是在普通的易于解冻的数据资源开放后，这里同样会面临改革开放深水区的难题，越是你需要的数据，越是有效的数据，越是价值高的数据，开放起来就越加困难。智慧城市建设是一个整体，一旦某一个板块的数据拿不到，就不可能形成真正的互联互通，智慧城市建设也只能是东一块西一块的。这是一个很麻烦、很棘手的问题。有些人说国外开放得很好，但也只是道听途说。上海正在和英国合作智慧城市标准项目，不久前我们团队一个老师去英国调研，问伦敦政府官员："你们实现数据共享了吗？"得到的答案是否定的。因为政府手中的很多数据在产权上属于纳税人，而运营商拿去是要赚钱的，怎么可能拿公共资源给私人去盈利？说明要实现数据的开放、开放到什么程度、开放后的利益如何分配，是个极其复杂的问题，不是有良好的愿望，或是通过媒体制造些压力就可以解决的。眼前怎么办？我建议，希望有人能先做起来，一点点、一块块地采集和建库，不要指望短期内就会有多大的收益，这就好比上个世纪80年代搞收藏，趁现在数据热刚热起来，成本还比较低，能抓多少就抓多少，等做到了一定的规模和体量，再通过和其他收藏者交换、并购等，最终把自己做成数据的巨无霸。但由于这个事情政府做起来比较麻烦，所以应该由有眼光的企业或民间先干起来。

在"互联网+"的背景下，新一轮智慧城市建设大潮正风起云涌，但由于经济降速、结构调整和数据封闭的约束，所以战略机遇不能说太好也不能说太差，只能在震荡和制约中"戴着镣铐跳舞"，这种状况下谁依然能跳得好，最后的掌声就是谁的。

二、两大现实问题与一个基本判断

近年来大规模的城市信息化基础设施、数字城市、智能城市建设，也包括智慧行政、智能交通、智慧旅游等专项工程，使我国智慧城市建设一浪高过一浪。除了国家的力推，企业是另一个主体。统计表明，早在 2012 年国家开展智慧城市试点前，中国三大电信运营商和地方政府签约建设智慧城市的数量就超过了 320 个。在微观项目上的扩张也很快，目前在全国 13 个城市的 34 座综合物业，已有超过 3 万个车位转型成为微信智慧停车场。以业界有"小华为"之称的上海斐讯数据通信技术有限公司为例，自 2014 年以来，已与上海松江区、武汉新洲区、重庆两江新区、宁波杭州湾新区、沈阳沈北新区、南宁市、芜湖市、韶山市、淮南市、鹤壁市、西安市、靖江市、宿州市、石门市、华容县、沛县等签约建设智慧城市。不仅在城市，如阿里巴巴 2014 年提出"千县万村，电商到农村去"，农村淘宝、赶街、乐村淘、世纪之村等农村电商模式仿佛一夜之间就走红全国。

和快速扩张的城市一样，智慧城市在当下也面临两大困惑。一是"建不建"的问题。智慧城市建设实质上是建一个"虚拟城市"，高度依赖高新科技和新材料，不仅启动需要巨额资金，后续更是一个无底洞。在近年来的快速发展中，不少城市已经投入了很多钱，也搞了不少项目，但由于各种壁垒和障碍，并没有使城市运转"智慧"起来，各种需要升级换代的信息化项目，各种智能化的半截子工程和烂尾楼，包括各种信息高速公路上的"断头路"等，是各城市普遍存在的现象与突出问题。再加上一个时期以来，国家只给"智慧城市"名分却没有多少资金投入，而建设不达标还会被"摘牌"，这对于越来越"缺钱"的地方政府，不能不深感迷茫，还会产生了"穿上裂裟事更多"的悔意。二是"如何建"的问题。在过去的"一哄而上"中，很多企业都准备铺开架势大干一场。但由于智慧城市建设投资大、见效慢，企业的盈利模式不清晰，技术的更新太快和市场的震荡加剧，还包括国际经济和金融的影响，开发商普遍面临资金链条吃紧甚至断裂，这就使不少智慧城市建设的协议、契约、项目化为一纸空文。而最坏的结果是开发商为了自己的利益，只捡有效益的项目做，使政府完整的智慧城市功能设计被肢解得"支离破碎"，留下一个个烂摊子。不少城市建设智慧城市的信心大打折扣。

从发展趋势和战略角度看，这些问题只是现象而非本质。首先，因为国家仍在大力推进，仅 2014 年以来，国务院和相关部委就推出了包括信息惠民工程、智慧社区建设、智慧城市健康发展、"互联网+"行动、大数据发展行动等多个文件，说明国家建设智慧城市的意志没有动摇。其次，在工业化 4.0 和信息化 3.0 的世界背景下，以亿万级为计量单位的信息产业规模和庞大消费市场，为智慧城市建设提供强大的驱动力和深厚的社会土壤。再次，城市发展总要有引擎，有比较好的板块有不好的板块，有吃亏的也有占便宜的。和新型城镇化的其他方面相比，智慧城市还算是比较容易做的，比户籍、产业调整、环境保护等风险要小，容易被城市决策者选中。这三方面结合起来，我们在新型城镇化中比较看好智慧城市板块，预计在"十三五"期间，智慧城市可能不会遵守"经济新常态由高速转向中高速"的普遍规律，并扮演一种"逆势上扬"、引领中国城市发展的新角色。

在这个大趋势中，各城市主要应考虑的不是"建不建"，而是"到什么年代建到什么程度及希望达到什么样的水平"。因为智慧城市本质上是城市建设，"建起来容易改起来难"，重建或改造不仅非常麻烦而且成本很高。就像拆迁一样，要防止这些后遗症，就需要做好顶层的战略规划。

三、《周易》的"乾卦"与智慧城市的战略哲学

2014 年 5 月，习近平在河南考察时首次提出适应"新常态"。目前，这个战略性概念已成为认识我国国情和把握发展主流的核心。保守地说，也是我国未来 20 年都很难脱离的生存背景。智慧城市，亦莫能外。

智慧城市的战略定位，也是一个如何适应"新常态"的问题。关键是如何吃准吃透这个概念的内涵和实质。关于新常态的研究已经不少，但多是从经济增速的变化入手。这主要是受了西方经济学理论的影响。这种理论方法的好处是比较直接和切近，而问题是把复杂的社会发展简单化为"经济学问题"。中国不同于西方，中国的城市化比西方要复杂得多。尽管我们的现代化已进行了一百多年，尽管现代化在生产生活方式上很大程度就是西方化，但不同于拉美地区几乎完全依附于西方。由于新中国政治和国家体制的现实作用，同时也由于中国传统文化和社会价值，在中国的现代化进程中，中西差别不是越来越小而是越来越大，或者说，在表象上越来越趋同的同时，在本质上的差异却越来越突出。这是很多在西方、在其他发展中国家和地区成功的理论模式、发展模型在中国就是行不通的根源。现当代的历史反复证明，这个"在西方理论上讲得通，在中国现实中行不通"的问题，不是写几篇文章或出台几个政策就可以解决的。这也许就是习近平总书记讲的"社会土壤"，正如不同的自然环境会使"橘"变异为"枳"，不同的社会土壤也具有同样的功能。

尽管智慧城市是城市化的高级形态，但本身也不能超越这个规律。

要明确中国智慧城市的战略背景，首先需要做的是在中国社会土壤中了解和把握"新常态"。与一般的经济学研究不同，回到中国历史和文化中，我们认为"新常态"就是《周易》中的"乾卦"。"乾"取像于草木初生时冲破阻力之状，从卦象上看，乾卦的六个爻全是阳爻，不仅整体上是"刚健进取"，而且每一个部分也都在"刚健进取"，这与高速发展的中国十分契合。但"刚健进取"也有"刚健进取"的问题，一方面，由于都要发展，发展的需求过于强烈，不仅发展和不发展，甚至发展和发展、发展方向和发展层次都会相互缠绕、相互矛盾斗争。如乾卦所象征的，处在快速发展的阶段，每一爻和其他爻都在相互冲撞，下面的顶上面的，上面的压下面的，再上面的通过压下面的再把压力加给更下面的，因为都是阳爻，都要发展，上下左右之间没有一个阴爻，也就没有协调和减震的功能，这就很容易造成矛盾集中爆发并激化。不少人羡慕西方城市的宁静和有序，那的确很好，但却不是中国现阶段可以拥有的。现实是谁不发展就没有谁的存在，尽管对现状不满但大家也别无选择，这是从官员到老百姓都觉得特别苦、特别累的根源。另一方面，对此也大可不必悲观绝望，因为"乾"的本质是"龙飞之象"，而各种阴暗和挫折都是暂时的。从整体和趋势看，由于发展阶段和条件不同，越在"下面"和开始阶段，承受的压力就越大；而到了"中上层"和发展的高级阶段，局面就会不一样。这就是"乾"所代表的六项基本原则：一是"潜龙勿用"，即处于弱小、不利局面时，要韬光养晦，忍辱负重；二是"利见大人"，在战略机遇期，要敢于"亮剑"并突出和表现自己，彰显责任和担当；三是在"刚健进取"中始终保持"清醒头脑"；四是在基本面向好的情况下，偶尔出出格，也不会有大问题；五是在形势大好时，必须好好表现和发展；六是一旦发现"过热"，就要及时检点反省，并准备软着陆。大家对此都可判断一下，立足于我国古老的诗性智慧，是不是比简单看经济增速、外贸、金融的西方经济学，更容易把握"新常态"的实质。

最高的道理和规律，对谁都是适用的。这是最高级的战略哲学，它完全不同于今天做一个什么产品，明天做一个什么行业，那都不能称为战略智慧。战略哲学要解决的是"头脑中的问题"，也可以说是理念和价值问题。"乾"卦的六个阶段，也是六个战略原则，它告诉我们，在迅速变化的世界中，从不存在什么一成不变、包治百病的理论和模式，而只能从自身所处的历史阶段和实际拥有的资源条件出发，作出"聪明"的判断和"智慧"的选择。对于智慧城市建设，在当下最需要谨记的是：一是"不盲目悲观"，在整体上无需为经济减速过度忧心忡忡，因为这是在依旧快速发展中的调整，不一定便宜到谁，也不一定谁吃亏，不一定便宜到哪个板块，也不一定哪个板块吃亏。从目前的种种情况看，我们判断智慧城市在"新常态"中将是一个受益较大的板块，各城市也应该在战略上更加重视和有所表现；二是"不轻易乐观"，以"如履薄冰，如临深渊"的态度做好自己的战略设计。尽管整体向好，但各城市的家底、条件、需求和层级明显不同，如在弱小的时候采取什么策略，在可以表现的时候怎样表现，在风险大的时候怎么安全着陆等，都需要具体问题具体分析，不要好高骛远，也不要眼馋别人，一切设计都要基于你的资源条件。你的人力水平够不够？你的自然和社会环境能不能承受得起？这是建设智慧城市不能简单采取西方模式，也不能采取某个中国城市模式的主要原因。在现实中这样的教训已经不少，一些盲目追求"高大上"的建设项目，一些强拉来的项目和资金，最后都因为不适合城市的"社会土壤"，最后成为谁也"管不了，建不成"的烂摊子。

十年树木、百年树人。在城市规划界也有一句话，叫"千年风水"。这是说城市规划是一千年的事情，因为城市规划一旦落地就很难再改变，必须慎之又慎。在城市规划中，我们还认为，最重要的不是通常的城市规划，而是指导"城市规划"的"城市战略规划"，即只有先解决了城市的战略定位和战略方向，然后才是空间、土地、人口、经济、交通、社区等"绘图"问题。由于城市最大的战略问题是如何融入中国的自然生态和社会生态，所以"城市战略规划"更需要立足于中国的文化和价值体系。由此出发，智慧城市就从一个经济问题或技术问题变为文化和价值问题，这就更不能以西方经济学作为理论方法。在习近平总书记2014年9月明确表示反对"去中国化"之后，我们的智慧城市战略对此也应有所自觉。而那些主要基于"科技崇拜"和"市场明细"的智慧城市顶层设计，也到了"可以休矣"的时刻了。这是我们团队对"新常态"，也是对智慧城市战略作出的一点贡献。

四、人文型智慧城市的战略主题与 "蹄疾而步稳"的发展策略

关于智慧城市的顶层设计，现在人们已经谈的不少。但在实践中一直没有看到比较完美的方案。一些打着系统解决方案的企业，其实也都是支离破碎的。关于智慧城市该怎么建设，大家都在试验和摸索中。对此我简单谈一下我们团队的设计和思考。

首先，在顶层设计上，基于目前的环境和条件，应在人文型智慧城市的战略主题下重新布局建设城市的信息技术硬件和服务管理平台。

就智慧城市建设的现状而言，目前的主要问题不是没有信息化基础设施设备，经过近年来的大力投资建设，我国城市信息基础设施条件已有很大的改善，在东部发达地区和城市甚至很豪华很超前了。以无线城市为例，很多城市就超过了英国，如伦敦的地铁站就没有 WiFi 覆盖。同时，也不是没有智能化管理平台，各种数字化政府、智慧政务、智能交通、安全监测系统等可以说俯拾即是。但就像很多单位花了很多钱搞网站办公系统，结果发现不是实现了办公"无纸化"，相反打印纸和复印纸的使用却越来越多，人们也并没有"少开会"和"少跑腿"。还有服务水平和质量问题。这也很奇怪，为什么出台了很多旨在提升服务水平的政策和措施，为此搭建了很多的信息化智能化平台，但就是提高不了用户的满意度。究其根源，我们认为在于智慧城市的规划理念有问

题，也可以说是一种片面的理念必然导致了片面的实践和应用。

从全球范围看，智慧城市已有两大规划理念：一是数字城市，侧重于信息通讯技术设施的建设；二是智能城市，侧重于城市管理和治理方面的运用。我国的情况大体上差不多。客观而言，这两大理念为满足人们的信息化需求和提升城市运营效率，都发挥了重要作用。但也很显然，它们只是智慧城市的两个阶段，而不是真正的和完全的"智慧城市"。主要原因在于，这两个理念和"物"的关系比较密切，而和人特别是个体的需求结合得不好，因为前者从一开始就是要为技术产业服务，而后者的主要目标是为政府的管理服务。结果是尽管表面上该做的都做了，但一落实到个体，落实到城市中具体的信息需求者，还会出现"我想找什么就是找不到什么"的局面。如何与具体的活生生的个体发生联系？这就需要研究社会和文化，从中理解和把握人在城市中生产生活的信息需求，以此为基础界定智慧城市的概念，规划智慧城市的建设框架，设计智慧城市的发展战略，引导信息基础设施建设和智能管理治理平台，才能建设出真正"以人为本"的智慧城市。这种以社会和文化为理念的智慧城市，就是我们所说的"人文型智慧城市"。

"人文型智慧城市"的理念，一言以蔽之是"灵妙化"。以社会和文化为中心，不是不要科技和管理，而是要使比较笨拙的"科技"和比较刻板"管理"变得"灵活"和"美妙"起来。这需要的不是大把投资或"大拆大建"，而是要从软件做起、从小事做起和从创意做起。通过软件提升已有硬件的功能，通过"抓小事"集聚个体的琐碎需要，再通过创意实现智慧城市的"智慧化"。

其次，在"新常态"的大背景下，由于存在较多的不稳定性和不确定性，我国智慧城市建设宜以"蹄疾而步稳"作为发展策略。

经济是基础。在经济由高速向中高速转型的过程中，影响信息技术产业和智慧城市建设的不确定因素开始增多，同时，在全球化背景下，很多东西也不是一个国家或城市可以掌控的。未来不管哪一块都不要想风平浪静，没有风险的发展也是不可能的。在这个背景下，"蹄疾而步稳"作为一个比较安全的节奏和策略，是制定智慧城市战略应遵循的基本原则，也是防止或防控未来出现智慧城市"大跃进"的"先手棋"。

西方有一句谚语：罗马城不是一天建成的。智慧城市同样也不可能"毕其功于一役"。但有一点明确无误：如果不建肯定建不成。这说明《国家新型城镇化规划》把智慧城市建设作为重要内容，包括各城市为此投入和付出都没有问题。而现在的主要问题是如何做到成本最小化。这是战略设计的核心和要害。未来的经济会怎样波动，是不好预言的，即使可以预测到面上的情况，具体到不同区域和城市会怎样，也不容易准确把握。但也有一点是明确无误的，就是经济发展肯定会起伏波动，而且既然有起伏有波动，就必然有"获利的"和"受损的"，关键是你站对了队没有？为做到成本和风险可控，特别是我国智慧城市建设还处在起步和发展阶段，所以在未来相当长的时期内，在战略上不宜过于激进和急切。很多看似很好的机会，可能就是更大的陷阱。处理好"蹄疾"和"步稳"的关系，是实现既"快"又"稳"的关键。"蹄疾"是不能止步不前，经济波动和结构调整，本身也意味着有新的机遇和空间腾出，所以"步伐"不能太慢，太慢了就会"赶不上"。而"步稳"是稳扎稳打，步步为营，不断建立根据地，一小块一小块地做，最后连起来就非常可观。这个策略对企业和对城市都一样适用，也是我们团队希望和大家分享的一点战略思考。

根据演讲者 2015 年 4 月 21 日在"智慧城市与城市现代化专题研讨班（第 2 期）""第二届中浦智慧城市论坛"上的发言录音整理

中国智慧城市建设中需要注意的几个关键问题

楚天骄

演讲时间：2015 年 4 月 21 日

作者简历：理学博士，中国浦东干部学院教授，城市现代化研究中心主任，兼任教育部战略研究基地研究员、杭州国际城市学研究中心客座教授。于 20 世纪 90 年代开始致力于城市化和城市发展方面的研究。主编《快速城市化进程中的城市规划和城市管理》、《中国智慧城市建设的最新实践案例集》。是国内最早系统研究跨国公司 R&D 全球化的学者之一，主要代表著作有《跨国公司在发展中国家 R&D 投资的区位模式研究》、《促进跨国公司研发机构与本土互动及技术扩散研究》等。

内容提要：中国正在掀起智慧城市建设热潮，但热潮背后也隐含着思想准备不足、协调机制不足、部门参与不足、制度建设不足、自主意识不足、防范能力不足和评估机制不足七大关键问题，亟须尽快出台政策措施解决这些问题，保证智慧城市建设沿着正确的方向行进。

目前，我国正在掀起智慧城市建设热潮。在 2013 年 9 月以前，我国所有副省级以上城市、89% 的地级及以上城市，47% 的县级及以上城市，已经有超过 311 个城市提出或正在建设智慧城市。"十二五"期间，我国智慧城市计划投资规模将超过 1.6 万亿元。为了促进和引导智慧城市的健康发展，相关国家部委出台了多份文件给予指导。2014 年 3 月，国家发布《国家新型城镇化规划（2014—2020 年)》；8 月，发改委、工信部、科技部、公安部、财政部、国土部、住建部、交通部等八部委印发《关于促进智慧城市健康发展的指导意见》，要求各地区、有关部门认真落实该指导意见提出的各项任务，确保智慧城市建设健康有序推进。

智慧城市建设为我国形成新的经济增长极、提高治理体系和治理能力现代化提供了难得的机遇。但是，也必须清醒地看到，智慧城市具有投资巨大、系统构成复杂、涉及领域多、安全要求高等特点，一旦投资失误，轻则造成高额的资金浪费，重则为城市埋下受到异己势力攻击的安全隐患。即使是成功的建设项目，也有可能由于运营成本高和缺乏有效的运营模式而使城市背上沉重的运营维护成本包袱。因此，面对智慧城市建设的热潮，首先要保持清醒的头脑，并积极思考合理的解决方案，以保证智慧城市建设真正发挥应有的作用。中国浦东干部学院从 2010 年就开设了智慧城市专题课程，成立了智慧城市实验室。2014 年开始还开办了智慧城市专题研讨班。在教学和研究的实践中，我们发现，当前我国智慧城市建设中主要面临七大关键问题。

一、我国智慧城市建设中存在的问题

（一）问题一：内涵理解混乱，思想准备不足

当前，社会各界对智慧城市的内涵和本质认识不清，跟风和炒作概念现象严重，智慧城市建设的随意性较高，风险难控。

地方政府在认识上主要存在四个误区。第一个误区是将智慧城市建设仅仅作为招商引资的手段或政绩工程，不顾及自身特点和条件，盲目建设软件产业基地、云数据中心，将云计算、物联网等新兴产业变相发展为房地产业，园区空壳化现象严重。第二个误区是将智慧城市简单理解为新一轮信息化发展，认为智慧城市建设属于信息技术范畴，主要是经济和信息化主管部门的事，其他部门配合即可。持这种观点的还认为采用的信息技术越先进越好，一味追求新技术的建设规划，让技术牵了智慧城市建设的鼻子走，可能会导致建成结果与实际需求相距甚远、与城市发展阶段不相吻合，最终造成资源浪费，背离了智慧城市建设的本意。第三个误区是认为智慧城市就是技术厂商解决方案的堆砌，千篇一律地建设智能交通、智慧医疗、城市运营中心、智慧基础设施等，把城市变成国外技术厂商推广项目的试验场，脱离了智慧城市建设以人为本的出发点。第四个误区是认为智慧城市建设就是传统城市建设的智慧化。不可否认智慧城市建设首先面临的是城市基础设施建设，但传统的城市建设基本上是旧城改造和新城建设，这只是智慧城市建设的一个方面，更多地还需对城市进行智能化建设和智慧化改造，从城市智慧管理角度进行信息收集、存储、管理、应用等，那种大兴土木的建设方式不是智慧城市建设的正确方法。如果智慧城市建设沿着传统城市建设重硬件、轻软件的老路子进行，就会只注重最新技术的引入和新设备、新硬

件的建设投入，对传统信息化工程贴上"智慧"的标签进行包装，而疏于关注智慧应用的实际效用和服务效果，将智慧城市建设作为"纪念碑"式的政绩工程和形象工程。

（二）问题二：部门多头推进，统筹协调不足

这个问题，一方面表现为中央部门分头推进，缺乏统筹协调机制。2013年，住建部分两批选择了192个城市开展智慧城市试点；科技部和国家标准委启动了20个城市开展智慧城市试点示范；工信部首批公布68个国家信息消费试点城市，涉及智慧城市建设内容；国家发改委等12部门联合发布遴选"信息惠民"国家示范省市同样涉及智慧城市建设内容；国家旅游局将2014年定为"智慧旅游年"等等。国家各部门对智慧城市的建设思路、标准和政策意见各有侧重，部门之间缺乏协调、沟通，地方政府面对多条线上的试点示范和不同的标准规范，难以判断和选择，纵向指令过多也使城市内难以形成各部门齐心协力和资源整合局面。例如，各部委的智慧城市建设要求到了地方后，只能按照主管部门进行安排，一些地方原有的部门间协调机制被打破，统筹难度加大。

另一方面则表现为缺乏顶层设计，陷入信息化发展老路。在组织管理层面上，突出表现在现行的城市管理体制机制创新滞后和"数据割据"严重影响了智慧城市的发展。智慧城市建设的重心是数据资源的建设和整合，需要将处在不同部门、不同行业、不同系统、不同数据格式之间的海量数据融合和互用，形成新的支持决策的数据源。数据资源建设是智慧城市建设重点，没有数据就没有智慧产生的根源，就没有构架在数据整合开发基础上的智慧决策。智慧城市建设中信息流将成为城市运转的"血液"。可以说在智慧城市建设中硬件是支撑，海量数据是基础，数据的融合、开发是核心，激发城市信息化活力是智慧城市建设的

方向。但是，在现行的"条块分割"式的管理体制下，城市各部门、各行业都自成体系，并且大多独立地开展智慧城市相关信息基础设施建设和智慧应用系统建设。不少城市的智慧城市处于"有规划、无设计"的状态，信息资源公开和共享缺乏制度规范，相关政府部门、企事业单位之间依然各自为政，部门与部门之间、部门与社会之间协同配合困难。一些跨部门、跨行业的项目无具体牵头协调单位而难以得到资金保障和支持，智慧城市建设依然沿袭满足单个部门的管理需求为主的信息系统建设老路，无法形成对市民、企业诉求快速、协同、联动的响应机制和智慧化服务方式。在缺乏统筹规划、统一组织的情况下，城市各部门、各行业彼此之间很难形成有效互通、资源共享的信息网络体系。长此以往，必将形成新的"信息孤岛""应用孤岛"和"数据割据"，严重妨碍智慧城市整体建设目标的实现。

（三）问题三：政府主导为主，各方参与不足

据不完全统计，住建部启动的两批试点共设置重点项目 2100 余项，平均每个试点 10 项，主要集中在城市公共信息平台(公共基础数据库)、智慧水务、智慧交通、智慧城管、地下管线、智慧能源、智慧医疗、智慧园区等领域，建设周期为三至五年。项目资金财政投资占 25%，银行贷款占 25%，自筹占 11%，社会资金占 39%，年度政府财政投入与期初财政收入比为 1% 到 5%。大部分项目建设运行采用政府购买服务模式，吸纳了社会资本投入。各级政府以财政投资支持智慧城市建设，短期效果明显，但是如果一些项目不能转化为有利于公众、社会、经济的正能量，不能以市场经济的运作方式实现投资与回报的平衡，一旦政府的财政资金难以为继，那么这短期内智慧城市带给百姓的福祉将很快随着资金链的中断而中途早夭。如果智慧城市的建设模式缺乏可持续性，没有合适的商业模式，智慧城市就会成为昙花一现、空中楼阁、无

根之木。

（四）问题四：信息权属不清，制度建设不足

智慧城市是建立在高度发达的信息技术之上的，而信息技术的发展也面临着越来越严峻的安全问题的挑战。由于对各类共享信息资源的管理缺乏统一的法律依据，侵犯公民隐私权和信息泄露的事件时有发生。在目前的信息化环境中，手机运营商掌握着消费者实时通信信息和行踪；银行业和旅店业掌握着消费者的资金流向和旅行信息；监视器记录着人们的一举一动；智能家居将会把使用者的生活细节暴露在网络之上……个人的身份也面临着被盗取、被伪造等危险，已经没有任何一个单一机构和单一方法能够独立完成多维世界的身份管理。可以说，以协作为主流的智慧城市信息化已经颠覆了以保护为主流的信息化安全，亟须针对当前的信息化特点制定新的法律法规，构建社会协作参与的信息安全体系。

（五）问题五：缺乏核心技术，自主意识不足

目前，我国智慧城市建设所需的核心技术和关键产品主要依赖国外，潜在的信息安全和产业安全隐患十分突出。智慧城市建设涉及各领域的智能化应用，在城市管理和运行过程中，每时每刻产生的大数据，是一个城市乃至国家的重要资源，其中更有涉及国家安全命脉的战略性信息资源，确保这些信息资源的安全尤其重要。但是，我国各地开展的智慧城市建设，大量地采用国外的核心技术和关键产品，有些城市甚至打算直接依托国外厂商建设城市重要领域的信息系统，无异于将自己的核心资源都存储在别人的仓库里，信息安全的潜在风险极大。特别是某

些国外企业在我国发展智慧城市的进程中，竭力抢夺我国智慧城市技术和产业主导权，遏制我国相关产业的创新发展。无疑，这些都将对我国的国家安全、产业安全和社会安全带来莫大的隐患。

（六）问题六：忽视信息安全，防范能力不足

有些城市只重视信息化建设，而忽视城市信息安全保障体系建设，关键信息基础设施和要害信息系统防护能力不足，存在严重的信息安全风险。海量数据的搜集和存储，信息与网络乃至应用终端的安全问题均比一般互联网的信息安全问题要多，存在诸如恶意的网络攻击、城市管理信息泄密、个人信息的泄密、业务连续性和灾难恢复的安全威胁等问题。这些安全问题需要在智慧城市建设中全面考虑。如果智慧城市应用出现运行问题，或者遭遇大的自然灾害，一旦城市的运行和管理遭到重大打击，将极大地影响市民的正常生活，还会带来对社会稳定、经济利益甚至于国家安全的威胁，因此必须倍加重视与小心应对。可见，智慧城市建设初期对信息安全的关注应该是重中之重，也是难点所在。

（七）问题七：评价标准欠缺，评估机制不足

各地在开展智慧城市建设的过程中，盲目追求"高大上"，缺乏城市自身特色的研究，缺乏解决制约城市发展的关键问题的智慧，应用效果普遍不够理想。目前多数开展智慧城市建设的地方，在相关的行动计划、发展规划、顶层设计中缺乏城市自身的特色，花重金建设智慧交通、智慧社区、智慧政务、智慧民生等工程，并未真正结合城市自身的客观实际和关键需求，特别是从"以人为本，民生优先"的原则出发，提出自己独具特色的智慧城市建设方案，其结果必然是应用脱离城市发

展的实际、脱离人民群众的需要，并最终使应用效果大打折扣，难以达到预期的目的。国家尚未形成统一的评估指标和评估方法，难以发挥评估工作的指挥棒作用。

二、七大问题的解决路径

（一）加强教育培训，统一智慧城市认识

建设智慧城市，首先是一个新理念的认识和普及过程，是一个通过顶层设计实现城市可持续发展的过程，是一个科学地使用新技术手段不断解决城市发展中的问题、提高城市资源利用效率和管理水平的过程，是一个由技术创新带来社会创新、提高全社会创新能力的过程，加强教育培训在这个过程中具有不容忽视的作用。在相当程度上，智慧城市建设推进的速度和效果取决于参与者是否形成了基本的共识和共同的愿景，是否愿意参与到建设过程当中，促进而不是阻碍其发展进程。从这个意义上讲，统一认识工作十分必要。通过干部教育培训，让城市的决策者和政策制定者率先从理论方面正确认识智慧城市，从实践方面积极分享典型案例，从行动方面形成主动推动实际工作的愿望，将是智慧城市建设顺利推进的基本保证。

（二）做好顶层设计，加强统筹协调

第一，国家宜确认一个部门作为智慧城市建设的总牵头单位，协调

各部门工作。经过近五年的试点实践，原来由工业与信息化部、科技部、公安部、住房城乡建设部、交通运输部、国土资源部、国家测绘地信局、国家旅游局等不同部门分头推进这项工作的格局，已经不适应这项工作向深入发展的需要。大数据时代特别依赖于数据的采集与整合，城市智慧功能的发挥特别需要不同部门间工作的协同与整合，政出多门进化为政出一门、分头负责势在必行。

第二，制定国家智慧城市建设总体战略。最主要的是确立智慧城市建设的内容框架，目前不同的试点城市各有各的主意，不同部门的侧重点也不一样，使得整个试点工作呈现"碎片化"状态。同时，对人口、经济规模不同的城市也宜提出既有共性又有差别的智慧城市建设目标范围，并给每座城市留下足够的空间发挥其自主性。

第三，避免技术导向，以现状与需求为基础。首先进行城市现状分析，根据现状和实际需求设定目标并进行设计，既要看到眼前的建设需要，更要看到长远的建设要求；既要尊重技术厂商的建议，也要清楚了解城市百姓对智慧城市的期望。除了要依靠已有的建设经验外，还要虚心吸取其他国家和地区的智慧城市建设经验。

（三）创新建设模式，善用市场之手

积极探索政府、市场在智慧城市建设与运行中的作用定位，创新有效的可持续的运行模式。要处理好政府和市场的关系，充分发挥市场的决定性作用，能由市场完成的事政府绝不包揽；市场做不了的事，政府要坚决顶上去，更好地发挥政府作用。政府宜本着积极而有选择的工作原则，把重点放在制度建设与监督管理上，鼓励、激励企业发挥市场主体作用，不断进行技术创新和商业模式创新。

（四）借鉴国外经验，健全法律制度

智慧城市建设是项全新的工作，我国这方面的法律制度尚不健全，特别是数据的采集、数据的所有权与使用权，涉及公民和法人的各种权益，亟须法律作出规定；政府、公司和个人的义务与权益有哪些，需要用法律制度加以明确。一方面，应尽快制定信息开放共享与应用协同的管理办法，促进信息开发、共享和利用，同时，还应加快制定公民个人信息和数据保护相关法律法规，保障市民在医疗、政务等信息开放和共享过程中的个人隐私，积极营造良好的政策法规环境。美国、新加坡等国家在这方面走在前面，可以研究借鉴。

（五）加快技术开发，掌握核心科技

加快智慧城市建设的技术开发，确保自己掌握软硬件核心技术。就全球来说，智慧城市建设方兴未艾，无论是信息基础设施技术，还是基于物联网、云计算、移动互联网、下一代通讯技术、大数据等技术平台上的各种应用技术开发，都需要加强对其研究开发与应用的支持力度，努力培育和完善产业集群，并结合扩大信息化消费的政策要求，以市场需求来引导和激励技术创新。

（六）科学比对方案，做好安全防范

切实做好信息安全防范工作。要保证信息平台上的数据是安全的，不会轻易被未经授权者使用。更为重要的是，试点城市大量使用外国公司的设备与解决方案，软硬件技术都在别人手里，安全隐患很大。应集中力量进行技术攻关，掌握更多的拥有自主产权的原创技术。从长计议，在智慧城市建设中引入不同公司，对不同领域由不同公司建设，防止一个城市的全部数据或大部分数据掌握在一个公司手中，以免留下特定公司通过掌握的数据或其技术力量绑架一座城市的后患。

（七）探索评估机制，引导政府行为

努力探索智慧城市建设绩效评估机制，防止一味追求大而全、小而全，一味追求最先进最完美，要测算建设投入产出比。智慧城市建设要务实，不可追求华而不实，设备技术够用就好，减少浪费。特别是政府投资的设备，要俭朴实用。切忌把智慧城市建设搞成政绩工程、面子工程。

三、对未来中国智慧城市建设的展望

（一）智慧城市建设最重要的工作是做好顶层设计

被誉为新加坡城市规划之父的刘太格先生经常使用孔雀与火鸡来比喻城市长远规划与短期规划之间的关系。他说："如果你想让城市成为一只孔雀，那就要先有个轮廓，再有器官、细胞，如果先做近期规划，一个个区域地做，很可能会做出一只只小火鸡。而一百只小火鸡也比不上一只美丽的孔雀。"智慧城市建设也是如此，若干个信息化应用项目的叠加绝不等同于一座智慧城市。智慧城市的顶层设计要能够体现

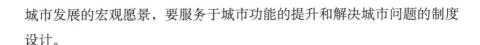

城市发展的宏观愿景，要服务于城市功能的提升和解决城市问题的制度
设计。

（二）智慧城市的顶层设计需要考虑智慧城市管理体制机制的设计

传统上的信息化建设在提高政府信息化水平的同时，也筑起了高高的部门壁垒。智慧城市建设的一个基本点就是打破部门之间的信息化壁垒，实现互联互通、资源共享和业务协同。因此，在顶层设计中必须做好管理体制的设计，在组织层面上横向打通，无论是建设统一的物理平台也好，还是在部门之间建立信息联通共享机制也好，关键是形成协同的工作理念。在这一方面，无锡市、上海市等城市分别根据实际情况采取了适合自己的工作模式，这些模式各有利弊，值得学者和政策制定者研究参考。

（三）智慧城市建设必须处理好产业发展与项目应用之间的关系

一直以来，地方政府在推动智慧城市建设时主要采取两种思路：其一，打着智慧城市的名义建园区，走招商引资的老路子；其二，由政府财政出资购买企业的信息化项目，把城市作为形形色色项目的实验场。这两种思路都会对智慧城市建设产生不利的影响。国家住房和城乡建设部推出的智慧城市试点申报，明确说明申报智慧城市试点没有资金支持，就是要鼓励地方去探索将土地财政转化为产业财政的方法和途径。目前，已经有越来越多的城市（区）尝试采取多种投融资方式和培育相关产业发展的新途径，进行了积极的探索，也取得了明显的成效。

（四）智慧城市必须考虑技术发展带来的社会变革

智慧城市建设必须注重体现人文精神，加强城市治理体系建设，提高城市治理能力。阿里巴巴集团董事局主席马云提出，人类已经从 IT 时代走向 DT 时代，IT 时代是以自我控制、自我管理为主，而 DT（Data technology）时代，是以服务大众、激发生产力为主的技术。这两者之间看起来似乎是一种技术的差异，但实际上是思想观念层面的差异。对城市而言，智慧城市建设就是要推动政府行政体制改革，通过制度建设形成政府、企业、居民、社会组织多元参与、有效协同的治理体系，从而进一步提高城市治理能力。

根据演讲者 2014 年 9 月 18 日在"推进经济结构战略性调整专题研讨班（第 3 期）"组合式研讨会上的演讲整理

关于智慧城市3.0版

——以杭州为例

王国平

演讲时间：2015年4月23日

作者简历：现任浙江省人民政府咨询委员会副主任，杭州城市学研究理事会理事长、杭州国际城市学研究中心主任，浙江省城市治理研究中心主任，中国棋院杭州分院院长，中国国际经济交流中心常务理事，中国浦东干部学院兼职教授。历任浙江省化工研究所党委副书记，中共余杭县委副书记、书记，中共杭州市委组织部副部长，中共杭州市委常委、组织部长，中共杭州市委副书记。近年来致力于城市学、杭州学研究，著有《城市论：以杭州为例》《城市怎么办》《城市学总论》等，并主编《西湖全书》《西湖文献集成》《南宋史研究丛书》《西溪系列丛书》《杭州运河丛书》等。

内容提要：作者首先介绍了自己对智慧城市的理解，认为智慧城市的发展已经进入3.0版，并提出只有3.0版的智慧城市建设模式，才有可能在杭州成功，并在全国推广。接着概括了杭州智慧城市建设3.0版的八个主要特色，即以"争先进位"为目标；以杭州"第四次产业革命（产业升级）"为动力；以智慧城市经济为重点；以两个"三位一体"为战略方针；以新一代（智慧）城域网为基础；以智慧家庭为载体；以系统供应商为平台；以两个"三步走"为顶层设计。结合杭州智慧城市建设的特点，演讲者从智库的视角提出了促进杭州智慧城市建设的具有很强的可操作性的政策建议。

2012 年 12 月，习近平总书记在中央经济工作会议上强调："走集约、智能、绿色、低碳的新型城镇化道路"，"要促进城市网络化、智能化、个性化发展"。2013 年 9 月，习近平总书记在主持中共中央政治局第九次集体学习时指出："科技兴则民族兴，科技强则国家强。当前，从全球范围看，科学技术越来越成为推动经济社会发展的主要力量，创新驱动是大势所趋。新一轮科技革命和产业变革正在孕育兴起，一些重要科学问题和关键核心技术已经呈现出革命性突破的先兆，带动了关键技术交叉融合、群体跃进，变革突破的能量正在不断积累。即将出现的新一轮科技革命和产业变革与我国加快转变经济发展方式形成历史性交汇，为我们实施创新驱动发展战略提供了难得的重大机遇。机会稍纵即逝，抓住了就是机遇，抓不住就是挑战。我们必须增强忧患意识，紧紧抓住和用好新一轮科技革命和产业变革的机遇，不能等待、不能观望、不能懈怠。我们要推动新型工业化、信息化、城镇化、农业现代化同步发展，必须及早转入创新驱动发展轨道，把科技创新潜力更好释放出来，充分发挥科技进步和创新的作用。"2014 年 2 月，习近平总书记主持召开中央网络安全和信息化领导小组首次会议，并亲自担任领导小组组长，要求把我国建设成为网络强国。习总书记在讲话中强调："信息化和经济全球化相互促进，互联网已经融入社会生活方方面面，深刻改变了人们的生产和生活方式。信息流引领技术流、资金流、人才流，信息资源日益成为重要生产要素和社会财富，信息掌握的多寡成为国家软实力和竞争力的重要标志。信息技术和产业发展程度决定着信息化发展水平，要加强核心技术自主创新和基础设施建设，提升信息采集、处理、传播、利用、安全能力，更好惠及民生。"2014 年 3 月，中共中央、国务院下发的《国家新型城镇化规划（2014—2020 年）》单列一节对"推进智慧城市建设"作出部署。习总书记的一系列重要指示精神具有极强的思想性、指导性、针对性和操作性，是指引杭州智慧城市建设的理论基石和行动指南。

下面，我首先讲一下智慧城市建设的基本概念以及何谓智慧城市建设 1.0 版、2.0 版、3.0 版，然后再重点介绍一下杭州智慧城市建设 3.0 版的主要特色。

一、智慧城市建设的基本概念

智慧城市的概念最早由 IBM 公司提出。2008 年 IBM 公司提出了"智慧的地球"理念，2009 年又发布了《智慧地球赢在中国》计划书，2010 年正式提出了"智慧的城市"愿景。目前，学术界存在"智慧城市"和"智能城市"两种提法。虽然有学者认为两者各有侧重，但我认为这两种提法在概念表述的意思上是一样的。IBM 公司提出了智慧城市（Smart City，即 SCity），中国工程院提出了智能城市（Intelligent City，即 ICity），我认为智慧城市（ICity）这个提法比较好，既和 iPhone、iPad 一样通俗易懂，又在内涵和外延上有了拓展。

智慧城市是新一轮信息技术变革和知识经济进一步发展的产物，是工业化、城市化与信息化深度融合的必然趋势，是综合解决"城市病"的一种有效途径，是一种可持续的城市发展模式。智慧城市的内涵特征：一是全面物联、充分整合、激励创新和协同运作；二是全面透彻的感知、宽带泛在的互联、智能融合的应用以及以人为本的可持续创新；三是实现智慧技术高度集成、智慧产业高端发展、智慧服务高效便民、以人为本持续创新，完成从数字城市向智慧城市的跃升。

1. 智慧城市建设的 1.0 版

智慧城市建设的 1.0 版，是指用新一代互联网、物联网、云计算等智慧技术改造提升交通、金融、物流、医疗、教育、制造、建筑、商贸、旅游等传统产业，从而实现产业智慧化的目标。目前国内大多数城市提出的智慧城市建设方案都是 1.0 版。

2. 智慧城市建设的 2.0 版

智慧城市建设的 2.0 版，是指在智慧城市建设 1.0 版基础上，打破城市条块管理的"管理墙"界限，破解城市管理机制体制障碍，实现城市智慧技术、智慧产业、智慧服务、智慧管理、智慧人文、智慧生活等协调发展，最终实现政府满意、公众满意和城市可持续发展。智慧城市建设的 2.0 版是由中国工程院智能城市课题组提出来的。

3. 智慧城市建设的 3.0 版

在智慧城市建设的 1.0 版和 2.0 版基础上，我们提出了智慧城市建设的 3.0 版。它的核心理念是以智慧城市经济为重点，抓好"两个结合"，即产业的智慧化和智慧的产业化相结合；城市的智慧化和智慧的城市经济化相结合。这个核心理念归结到一点上，就是我们要打造一种全新的经济业态，即所谓的智慧城市经济。我们认为智慧城市建设的 3.0 版与以往所提的智慧城市建设相比主要有三个特点：第一，以新一代（智慧）城域网为基础，推进物联网进家庭。第二，以智慧家庭为载体，形成商业模式。第三，以系统供应商为平台，输出整体解决方案。

近年来，国内很多城市纷纷提出建设智慧城市，但他们的理念和做法都是智慧城市的 1.0 版，和杭州之前提出的网络城市、数字城市、无线城市建设没有本质的区别。2014 年我应邀去了二十多个城市讲课。这些城市的全委会工作报告和政府工作报告几乎都提到了智慧城市建设。但他们的智慧城市建没也都是 1.0 版。但我们认为只有 3.0 版的智慧城市建设模式，才有可能在杭州成功，并在全国推广。

二、杭州智慧城市建设 3.0 版的主要特色

杭州智慧城市建设 3.0 版的特色主要体现在以下八个方面。

(一) 以"争先进位"为目标

随着新型城市化快速推进，各个城市都在加快发展。现在杭州面临的形势是"船大难调头"和"小进也是退"，需要探索寻求一条能够更好、更快发展的创新之路。开展智慧城市课题研究，主要目标是为杭州"争先进位"服务。

智慧城市建设是多目标的，有些目标是所有规划建设智慧城市的城市都必然会提出来的。但是，杭州提出智慧城市建设，尤其要关注目前面临的"标兵越来越远、追兵越来越近"，甚至"追兵变成了标兵"这样的现象。

更需要引起重视的是，发展均有窗口期。尤其是在互联网经济时代，每一窗口期大约为五到十年，即互联网经济相关产业从产生到成熟，仅仅需要五到十年的时间。比如阿里巴巴，马云在1999年创业之初仅仅只有18个人、50万元的创业资金。而今天，如果阿里巴巴所有资产全部上市的话，将是一家市值数千亿美元的巨型企业。美国人马克·扎克伯格创办的Facebook社交网站，仅仅用了五年时间就成为全球最著名的社交网站。在互联网经济时代，发展经济一大特点不是大鱼吃小鱼，而是快鱼吃慢鱼。窗口期一旦错过，就不会再次出现。这不像卫星发射，即使错过了一个窗口期还有另一个窗口期。习近平总书记2012年在中央经济工作会议上提出，"要促进城市网络化、智能化、个性化发展"，随后国内众多城市都提出要建设智慧城市。目前来看，智慧城市建设的窗口期可能也就是五到十年。因此，杭州在各级干部中必须强调要有"忧患意识、机遇意识、竞争意识、创新意识"，从而在智慧城市建设上"高人一筹，先人一步，快人一拍"。虽然杭州现在在"退位"，但一旦抓住了智慧城市建设的历史性机遇，我认为完全有可能再次实现新的"进位"。

2000年我到杭州工作时，宁波财政收入已经超过杭州，GDP和工业销售产值与杭州也只相差一两百亿，当时宁波提出两年以后超杭州。因此在省委常委会上，时任浙江省委书记的张德江安慰我："宁波的优势比杭州多，宁波超过杭州是正常的，杭州的干部不要为此而有压力。"我当时就表了个态："如果宁波超过杭州，作为市委书记我一定引咎辞职。"实践证明，杭州狠抓了"三次产业革命（产业升级）"以后，宁波没有超过杭州。迈入新世纪以来，杭州之所以能够一直保持自己在全省乃至全国的领先地位，主要是在产业发展上跨越了三个阶段，迈出了三大步。从某种意义上说，是成功实现了"三次产业革命（产业升级）"。

"第一次产业革命（产业升级）"是以"天堂硅谷"建设为重点，大力发展以信息产业与互联网经济为特色的高新技术产业，从而打造了"高新技术产业基地"和"电子商务中心"。

"第二次产业革命（产业升级）"是以旅游业转型升级和市区工业企业"退二进三"为龙头，大力发展现代服务业，从而实现了杭州经济从"二三一"到"三二一"的历史性跨越，打造了"国际重要旅游休闲中心"和"区域性金融服务中心"。

"第三次产业革命（产业升级）"是以建设全国文化创意产业中心为目标，大力发展文化创意产业，从而使文化创意产业成为杭州经济总量最大的支柱产业，打造了"全国文化创意中心"。

如果杭州没有这"三次产业革命（产业升级）"的优势，今天宁波可能已经超过杭州了。因此，如果杭州要实现"争先进位"的目标，就要有这样的雄心壮志，积极谋划以智慧城市经济为载体的智慧城市建设，启动杭州迈入新世纪以来"第四次产业革命（产业升级）"，打造中国智慧城市建设的杭州模式（包括商业模式），真正培育一个万亿级的智慧城市经济来支撑杭州经济新一轮的发展，最终实现杭州"三年稳住阵脚，五年重新进位"的目标。

（二）以杭州"第四次产业革命（产业升级）"为动力

目标确定了以后，就必须要有动力。我认为动力源就是杭州"第四次产业革命（产业升级）"，即以智慧城市经济为载体的智慧城市建设。把杭州"第四次产业革命（产业升级）"作为城市经济转型升级的主载体，关键就是要找准比较优势、打造竞争优势、构筑产业优势。因此，我们强调要扬长避短、发挥优势；趋利避害、乘势而上。

我们认为，智慧城市建设是推进治理体系和治理能力现代化的重要举措；是确保杭州实现转型升级和争先进位的重要抓手；是推动工业化、信息化、城市化、农业现代化"四化融合"发展最好的结合点；是推动城市化和高科技两大主引擎融合最好的结合点；是实现城市发展方式转变与经济发展方式转变同步发展最好的结合点；是以城市的 2.0 升级版带动经济的 2.0 升级版，实现两个 2.0 升级版同步打造最好的结合点。

杭州这座城市在经济发展上是先天不足的"四无城市"，即无地矿资源、无港口资源、无政策资源、无项目资源。近二十年来，杭州没有拿到过一个中央安排的实体经济项目。而宁波这样的城市，中央给予了数千亿元的实体经济项目支撑。在这样的背景下，我认为杭州的比较优势、竞争优势和产业优势都指向智慧城市建设。如果杭州找准了新的比较优势，打造了新的竞争优势，就完全有可能构筑新的产业和经济优势。比如，杭州的"第一次产业革命（产业升级）"，以"天堂硅谷"为目标，围绕以信息产业与互联网经济为特色的高新技术产业发展，涌现了一大批的知名企业。除阿里巴巴以外，还有信雅达、士兰微、恒生电子、大华股份、海康威视、聚光科技、中威电子等等，它们当中很多都是在短短的十几年中从几个人的创业团队发展壮大起来的，有的是我们看着从高新区火炬大厦这一孵化器中孵化出来的。因此，只要找准了杭州新的比较优势，进而打造新的竞争优势，构筑新的产业和经济优势，就完全有可能找到杭州"一招制胜"的"杀手锏"。

（三）以智慧城市经济为重点

支撑智慧城市发展的动力源是有很多，但是也要突出重点，这个重点就是智慧城市经济。这是我们提出的智慧城市建设3.0版的核心理念。何谓智慧城市经济？我们认为是两个结合，即产业的智慧化和智慧的产业化相结合；城市的智慧化和智慧的城市经济化相结合。其他城市在智慧城市建设中关注更多是产业的智慧化和城市的智慧化。但是对智慧的产业化和智慧的城市经济化关注不够，甚至没有提及。因为具备智慧的产业化和智慧的城市经济化的城市是很少的。虽然产业的智慧化和城市的智慧化，几乎所有的城市都能做到，但是能够真正实现智慧的产业化和智慧的城市经济化的城市却是屈指可数。而杭州在这方面具有得天独厚的优势。比如，在智慧城市经济的产业链上，杭州涉及的门类大约占了三分之二，在全国的市场份额大约占了三分之一。智慧城市建设的基础是物联网，而物联网建设的基础是信息传感设备制造业。目前全国信息传感设备制造业前三名企业海康威视、大华股份、宇视科技都在杭州。2013年年底，我们去高新（滨江）区调研，发现以家庭为单位建一套家庭信息传感系统仅仅需要几百元。可见，杭州打造智慧城市经济的基础条件已经成熟。因此我们建议杭州要一手抓产业的智慧化、城市的智慧化，一手抓智慧的产业化、智慧的城市经济化。

（四）以两个"三位一体"为战略方针

既然我们确定了以智慧城市经济为重点，那就必须解决落实智慧城市经济发展的战略方针的问题。我们提出的建议就是两个"三位一体"。一是网络建设、产业发展、应用服务"三位一体"。二是党政机关、企事业单位、居民家庭"三位一体"。目前大多数城市在第一个"三位一体"里侧重发展应用服务，不太重视产业发展，更不重视网络建设。第二个"三位一体"里，大多数城市重视的是党政机关和企事业单位，不太重视城乡居民家庭。我认为杭州的特色要凸显在两个"三位一体"中，更要突出网络建设和居民家庭这两个重中之重。

第一，从"大产业链"的角度，说一说网络建设、产业发展、应用服务"三位一体"。杭州的华数就是网络建设、产业发展和应用服务"三位一体"发展的典型例子。华数搭建了一张宽带城域网，而在宽带城域网建设过程中，需要大量的计算机、服务器、路由器和机顶盒等等。如机顶盒的需求就直接催生了大华这样的一大批企业的发展。创业初期大华曾是一家规模非常小的安防设备制造企业，得知杭州在搞数字电视后，就通过自身努力积极参与市场竞争，逐步发展成为全国最大的机顶盒生产厂家，并且它的机顶盒芯片都是自己设计制造，成本控制在 1 美元左右，远远低于当时成本为 10 美元左右的进口芯片。2003 年大华又转手将其机顶盒生产线以 9000 万美元的价格出售给了摩托罗拉，并依靠这笔资金扩大了原有的安防设备生产能力，一直做到今天全球前十、国内第二名的位置。关于华数的应用服务，主要体现在交互式机顶盒的试点和推广上。国家"模转数"试点城市当时走的技术路线是"广播式数字电视"，而不是"交互式数字电视"，但杭州市委、市政府决定，一步到位搞"交互式数字电视"，从而实现了"看电视"到"用电视"的历史性转变，功能大大拓展、服务大大丰富。虽然一次性投入增加了，但是回报更高，而且通过数字电视催生了巨大的需求，带动了巨大的产业。第二，从"大需求链"的角度来看党政机关、企事业单位、居民家庭"三位一体"，党政机关和企事业单位需求很大，但是最大的需求还是城乡居民家庭。因为党政机关、企事业单位的需求最终都要转化到居民家庭的需求才能落地和实现盈利。

（五）以新一代（智慧）城域网为基础

新一代城域网（也可称之为"智慧城域网"）是两个"三位一体"方针中的重点、难点和亮点之一。城域网（Metropolitan Area Network），按照英文的字面理解就是都市网。第一代城域网是指在一定的都市范围内建立的计算机通信网。第二代城域网就过渡到了宽带城域网。宽带城域网是指在都市范围内，集数据、语音、视频服务于一体的高带宽、多功能、多业务接入的多媒体网络。而我们提出的新一代城域网（智慧城域网）特指新一代的互联网＋物联网。我们认为，物联网是互联网的一个重要分支，没有物联网，智慧城市就难以落地。从某种意义上说，物联网就是"物物相连的互联网"，最终解决了"T2T"（Things to Things，指物对物）、"H2T"（Human to Things，指人对物）、"H2H"（Human to Human，指人对人）的互联。另一种表达方法是物联网最终解决了 3 个"M2M"的互联。即"M2M"（Man to Man，指人对人）；"M2M"（Man to Machine，指人对机器）；"M2M"（Machine to Machine，指机器对机器）。要打造新一代（智慧）城域网，关键在于物联网进家庭。

新一代城域网（智慧城域网）建设涉及两个问题。第一，资金问题。根据我们在高新区（滨江）的调研，物联网进家庭户均费用仅仅只需要几百元。因此建议从 2015 年开始，对包括党政机关用房、企事业单位用房、居民住宅在内的杭州所有的新建筑，把物联网作为新的强制性的建筑标准，为打造智慧城市奠定基础。对于新建筑，据测算，物联网的网络加设备成本能控制在每平方米一百元之内。对于老建筑，成本还需进一步测算，因为网络已经基本到位，主要是配置设备。假定政府通过华数每户家庭补贴 500 元，那么杭州城乡 200 万户家庭需要补贴 10 亿元，这比当初华数为"模转数"所支付的费用还要少。我认为只要有好的愿景、好的方法、好的政策，就完全有可能彻底解决资金投入的问题。当初华数为杭州电视"模转数"投入了巨额资金，最终就是通过政府贴息、合理收费和上市公司在资本市场融资三个渠道加以解决的。因此，我们建议由华数牵头，三大电信运营商参与，在杭州进而在浙江一步到位实现物联网进家庭，就像当初杭州"模转数"一样。这是构筑杭州乃至浙江新一代（智慧）城域网成本最低、风险最小、过度最快、回报最大的"华山一条路"。

第二，标准问题。目前国内物联网没有统一标准，我们认为强者为王，谁先做好了、做大了，谁就成为了标准。杭州 WiFi 建设就是很好的例子。2009 年，我判断即使 4G 普及以后，WiFi 仍然是需要的，因为它价格便宜、性价比高、技术进步快，有很大的发展空间。因此我力主要建设杭州的 WiFi 网。杭州做了规划以后，邀请了国内众多顶尖的专家进行论证。其中有不少专家反对上 WiFi，认为 WiFi 是过渡时期的产品，一旦 4G 时代到来以后，WiFi 将会全部淘汰。而且当时国内也没有统一的标准。在这样的背景下，杭州市委、市政府仍然下决心建设杭州的 WiFi 网。事实证明，当时我们的决策是完全正确的。

综上所述，我们建议组建一家有政府背景的企业来投资新一代（智慧）城域网建设，城乡居民不需要负担费用；而一旦杭州率先建好新一代（智慧）城域网，就一定能够"吃到头口水"，成为国家新一代（智慧）城域网的标准。

（六）以智慧家庭为载体

智慧家庭是两个"三位一体"方针中的重点、难点和亮点之二。现在一说到智慧城市建设，人们往往关注的是党政机关和企事业单位，不太关注城乡居民家庭。我们认为智慧城市建设最终和最大的需求必然是城乡居民家庭，而不是党政机关和企事业单位。因为通过智慧家庭这个载体，可以把智慧交通、智慧电网、智慧物流、智慧旅游、智慧商贸、智慧环保、智慧金融、智慧社区、智慧教育、智慧医疗、智慧政府等应用都整合进城乡居民家庭。以用电需求为例，西方发达国家目前工业用电的比重约占40%，居民用电约占60%。我国民用电比重也呈逐年上升的趋势。杭州目前工业用电比重为65%，居民用电为35%。随着产业结构的升级和高耗能企业的转移，居民用电的比重一定会快速提高，不久的将来，居民家庭将成为最大的用电大户。因此，智慧电网最终的主要用户也必然是居民家庭。

（七）以系统供应商为平台

这里的平台指的是整合各类要素资源，从而带动智慧城市经济发展的主平台。这个平台要发挥政府有形之手和市场无形之手"两只手"的作用，以市场配置资源为主来搭建平台。我们提出了系统供应商的概念，是想借助企业通行的概念来表达我们的想法。我们希望杭州加快推进以智慧城市经济为载体的智慧城市建设，打造全国智慧城市规划、设计、技术、设备、服务、管理、营运的系统供应商，使杭州成为基础设施最先进、技术水平最高、城市数据最开放、信息服务创新能力最强、智慧城市应用最普及、智慧产业最集聚的城市，为其他城市的智慧城市建设提供整体解决方案，从而形成中国智慧城市建设的杭州模式，特别是智慧城市的商业模式，为最终在中国实现智慧城市可持续发展奠定最坚实的基础。

杭州的公共自行车公司就是一个典型的系统供应商。该公司能提供公共自行车规划、设计、技术、设备、服务、管理的整体解决方案，不断地向其他城市输出杭州的公共自行车系统。目前国内已有数十座城市购买了杭州的公共自行车系统。2013年的交易额超过3亿元人民币。因此，我相信杭州完全有可能继全国公共自行车系统供应商之后，成为全国智慧城市规划、设计、技术、设备、服务、管理、营运的系统供应商。杭州一旦真正成为全国智慧城市建设的系统供应商，将能极大地带动本地企业的发展壮大，进而使它们能够提供性价比更高的设备及产品，从而使杭州的智慧城市经济发展进入良性循环，实现可持续发展，确保杭州的产业及杭州的企业在激烈的市场竞争中立于不败之地。

（八）以两个"三步走"为顶层设计

第一个"三步走"是市委、市政府制定顶层设计的路线图。第一步，制定杭州智慧城市建设规划纲要。"规划纲要"也就是战略研究报告、规划导则或者规划指标体系。如果没有"规划纲要"，规划设计单位就会无所适从，做出来的规划也彰显不了杭州的特色。由市城研中心完成的"杭州智慧城市建设战略研究报告"，就是制定杭州市智慧城市建设规划所必须先行制定的"规划纲要"。第二步，制定杭州智慧城市建设总体规划。我们建议，市委、市政府通过公开招标来制定杭州市智慧城市建设的总体规划。最后，由市委、市政府对投标单位提交的方案进行比选，好中选优，确定一家规划设计单位，然后把其他几家单位方案的优点、长处都吸纳进去。第三步，制定杭州智慧城市建设专项规划和行动计划。在智慧城市建设总体规划的指导下，由市级各有关部门及相关单位，分别制定智慧农业、智慧工业、智慧金融、智慧旅游、智慧商贸、智慧物流、智慧交通、智慧教育、智慧医疗、智慧安监、智慧环保、智慧家庭、智慧社区、智慧城管等专项规划及行动计划。

顶层设计路线图分"三步走"是"规定动作"，这一"规定动作"是不能违背的。第二个"三步走"是市委、市政府制定具体实施步骤的路线图。我们建议：第一步，一年之内在杭州部分先行区完成试点。第二步，两年之内在杭州全市全面推开。第三步，三年之内将杭州的智慧城市建设模式拓展推广到全省乃至全国。

综上所述，在智慧城市建设上可以有先有后、万马奔腾；但在智慧城市经济建设上，必然是"捷足者先登"、"赢者通吃"。就如同今天的中国：在电子商务领域中不可能再出现第二家阿里巴巴；在搜索引擎领域中不可能再出现第二家百度；在即时通讯领域中不可能再出现第二家腾讯那样！因此，杭州想要在以智慧城市经济为载体的智慧城市建设上"捷足先登"，从而"赢者通吃"，必然要有最大的决心、最高的目标、最优的规划、最好的政策、最强的合力、最快的速度、最佳的效益。

基于这样的判断，课题组在战略研究报告的最后，郑重地向市委、市政府提出了十条建议：

第一，成立市区（县、市）两级智慧城市建设领导小组及其办公室。建议市委、市政府尽快成立"杭州市智慧城市建设领导小组"，由市委、市政府主要领导担任组长，统筹抓总推动杭州智慧城市规划、建设和运行工作。下设办公室，办公室主任由市政府分管副市长兼任。办公室应该是"三位一体"，既通过授权代表市委、市政府智慧城市建设领导小组牵头抓总，又是一个主管部门，统筹管理智慧城市建设，还要扮演好整合资源平台的角色。因此，领导小组办公室要实行实体化运作。

第二，建立智慧城市建设政策扶持和评估考核机制。建议从2015年开始，对包括党政机关、企事业单位、居民家庭在内的杭州所有的新建筑，把新一代城域网（智慧城域网），特别是物联网进机关、进企事业单位、进家庭作为一个前提，并纳入考核，为全面推进智慧城市建设奠定基础。

第三，建立企业化的智慧城市建设系统集成平台。建议由市委市政府组建专门企业，推动建立智慧城市建设系统集成平台，主要承担杭州智慧城市建设的投资、融资、建设、运营和智慧城市基础设施国有资产管理等职能。进行企业的"技术、产品、方案"的系统编制。在研究制定杭州智慧城市建设规划时，请每个相关企业报告一下能够为智慧城市提供的国内领先技术，市有关部门可以把企业提供的领先技术编制起来，组成各种各样的全国领先的系统。

第四，设立智慧城市建设专项扶持资金。设立杭州市智慧城市建设专项扶持资金，参照市文化创意产业专项资金，每年应至少筹措3亿到

4 亿元资金用于智慧城市建设。并制定智慧城市建设专项扶持资金管理办法。

第五，系统谋划智慧城市相关人才培养引进和住房保障。建议在杭州原有人才住房保障政策基础上，面向专业技术人才推出人才保障房，合理设定条件，把所需各类专业人才逐步纳入住房保障范围。当务之急，应该尽快实施市委、市政府原先已经公布的人才专项用房计划。因为人才专项用房的性质是限价房，而限价房是国务院及有关中央部委明确可以由地方实施的住房保障政策。我们认为，杭州只要有了人才专项用房制度，就一定能吸引并留住大批智慧城市建设的优秀人才。

第六，筹备建立中国（杭州）智慧城市研究院和知识中心。建议借鉴中国工程院和国内其他城市的经验，由市委、市政府批准杭州国际城市学研究中心联合华数、阿里巴巴等企业，发起成立"中国（杭州）智慧城市研究院"，作为杭州智慧城市智力和研究资源的协调平台以及智慧城市建设思想库中独具特色的重要组成部分，开展杭州智慧城市建设研究工作，统筹推进"中国（杭州）智慧城市知识中心"建设，服务于杭州乃至全国 600 多座城市的智慧城市建设。

第七，加快推行"一区多园"的发展模式。吸收借鉴杭州发展文化创意产业的模式，特别是十大文创产业园区发展的经验，解决智慧城市经济产业园区的用地问题，使园区成为杭州发展智慧城市经济的"孵化器"和主战场。一旦园区建设规划出台，就必须在用地指标和征地拆迁上予以保证。在杭州智慧城市建设先行区试点方面，建议形成杭州城区层面"1+3"的试点模式，即滨江区和上城区、拱墅区、江干区。其中，高新区（滨江）作为智慧城市的新城区试点和重中之重，结合创建"新一代网络技术与产业国家自主创新示范区"，突出智慧城市经济的产业特色。上城区作为智慧城市建设的老城区试点，依托思科公司中国总部，开展智慧城市应用服务进党政机关、企事业单位和居民家庭的全面试点；拱墅区作为物联网进楼宇的试点，依托中国（杭州）智慧产业园和物联网产业园，开展智慧楼宇、智慧园区建设试点；江干区作为智慧楼宇、智慧社区、智慧家庭应用服务试点，江干区丁桥镇作为智慧城市建设的试点镇，推动智慧城市建设的全方位探索。

第八，建设市区（县、市）两级智慧城市创业孵化器。在杭州智慧城市孵化器建设上，一要继续办好高新技术开发区的孵化器。二要抓紧建设区、县（市）级孵化器。三要大力鼓励企业创办孵化器。

第九，发展智慧技术风险投资和交易平台。风险投资是智慧城市经济发展的助推器和催化剂。要尽快出台有利于风险投资发展的政策措施，加强风险投资人才的培养和引进，建立健全风险投资中介服务体系。

第十，坚持"大公司战略"与"群体战略"并重，确立企业创新主体地位。在智慧城市建设中，要始终坚持"抓大不放小"，一手抓"大公司战略"，加大扶优扶强力度，培育一批"顶天立地"的大企业、大集团；一手抓"群体战略"，倡导"和谐创业"，鼓励专业技术人员创业，培育"铺天盖地"的中小企业，进一步强化企业的创新主体地位。

习近平总书记在2012年11月参观《复兴之路》展览时指出，每个人都有理想和追求，都有自己的梦想。现在，大家都在讨论中国梦，我以为，实现中华民族伟大复兴，就是中华民族近代以来最伟大的梦想。实现中华民族伟大复兴是一项光荣而艰巨的事业，需要一代又一代中国人共同为之努力。空谈误国，实干兴邦。

过去十多年，中国的发展之路并不平坦，困难不可谓不大，挑战不可谓不多，但我们靠发扬"干"字当头的精神，克难攻坚，迎难而上，破难前行，战胜了一个又一个困难，干成了一件又一件大事。习近平总书记提出的"空谈误国，实干兴邦"，正是对"干"字最铿锵有力的诠释。"实干"才能成就中国梦。"实干"二字的深意，既在于"埋头苦干"，更在于"认准了就干"。我认为今后十年，中国城市化之路同样不会平坦。我们仍然要大力发扬"干"字当头的精神。什么叫干部？干部就是干活的人。干才是马克思主义，干才是社会主义，干才是科学发展，干才能推进高质量的城市化，干才能推动城市科学发展。今天，当干部，特别是城市的领导干部，要有在骂声中奋斗、在骂声中成长的思想准备，正确处理"骂一阵子"与"骂一辈子"的关系。干要被人骂，不干也要被人骂；宁可干了被人骂，不可不干被人骂；干了被人骂是骂一阵子，不干被人骂是骂一辈子。我们要想干、愿干、敢干、会干、拼命干，干别人不想干不愿干的事，干别人不敢干不会干的事，力争在今后十年中，再干成一批要事、大事、实事、好事。

六十多年前，毛泽东主席在河北的西柏坡告诫全党："必须用极大的努力去学会管理城市和建设城市"。十多年来，我时时在问自己，我真正"学会"了没有？我的努力做到了"极大"了没有？前一个问题的答案是否定的，而后一个问题的答案是肯定的。作为特大型城市的管理者，每天都必须作出抉择，其中绝大多数抉择，都是"治一经，损一经"、有得有失的"痛苦级"抉择。今天，要践行"用极大的努力去学会管理城市和建设城市"，必须敢于作出"痛苦级"的抉择。而"痛苦级"抉择对自己来说，可能既没有名，更没有利，唯一有的就是痛苦。所以，今天的城市管理者面对的现实是，自己的痛苦就是百姓的幸福，也就是说自己的"痛苦指数"与百姓的"幸福指数"成正比。如果城市管理者的"幸福指数"很高，那么非常不幸，你这座城市老百姓的"痛苦指数"一定也很高。换言之，只有城市管理者痛苦，你这座城市的老百姓才会幸福！因此，我们要有以自己的痛苦换取百姓幸福的意识、自觉和准备。

我相信，在座的各级领导干部一定能够发扬"干字当头"的创业精神，抢抓机遇，乘势而上，为中国推进智慧城市建设作出自己新的更大的贡献！

根据演讲者 2015 年 4 月 23 日在"智慧城市与城市现代化
专题研讨班（第 2 期）"上的专题讲座录音整理

智慧城市的探索创新之路

——以浦东新区为列

盛雪锋

演讲时间：2014 年 10 月 27 日

作者简历：现任上海浦东智慧城市发展研究院执行院长，毕业于加拿大渥太华大学经济学系，硕士。曾任上海产业经济研究院院长助理，长期从事政府决策咨询、区域规划、智慧城市、产业园区等方面的研究工作。

内容提要：从概念、规划、实践、展望四个方面来阐述智慧城市的创新探索之路。在概念方面，梳理了以 IBM、华为等企业为代表的智慧城市理解，以及以浦东、宁波、佛山等地方政府为代表的智慧城市解释，凝练了其中的重点指向和关注点，提出了智慧城市对城市管理、市民生活和经济发展方面的作用。在规划方面，以浦东新区十二五智慧城市发展规划为核心，阐述了智慧城市在规划层面需关注的重点内容，并从智慧城市指标体系的角度，梳理了智慧城市建设导向。在实践方面，结合浦东新区智慧城市的重点项目实施，分析了智慧城市当前的重点建设内容，包括项目的领域、投资的力度等。在展望方面，分析了新一轮发展中智慧城市面临的六个转变，包括从建设内容到资本投入等，提出了目前智慧城市面临的机遇和挑战，以及未来重点需发展的领域等。

我讲的题目是"智慧城市的探索创新之路——以浦东新区为例"。主要内容分成四块，第一个是概念，第二个是规划，第三个是实践，第四个是展望。

一、概　念

关于智慧城市，普遍的说法认为是来源于 IBM 公司的智慧地球战略，后来在《智慧城市在中国》白皮书中提出了智慧城市的定义。IBM 的智慧城市定义侧重于技术方面，强调充分利用信息技术，感知、分析、整合关键信息。国内对智慧城市的概念又作了很大的演化，比如说目前我们基本上可以把它分成两个层面，第一个是政府层面。政府层面对智慧城市主要定位在各种信息的融合运用、城市管理模式的变革、经济的转型发展。第二个是企业层面。政府层面是跟 IBM 和一些企业所定位的智慧城市完全不一样的。比如，宁波当时提出智慧城市是城市发展的新模式，佛山提出的是四化融合智慧佛山，南京也是把智慧城市建设城市创新和科技创新产业转型结合在一起。企业层面更多的是定位在技术层面，定位在项目层面。比如说先进技术的应用、集成和协同。比如，美国的埃森哲公司认为，智慧城市建设核心就是先进技术。国内的龙头企业华为也基本上是把智慧城市定位在充分利用数字化和计算机相关技术手段的信息服务系统。可以看出不同企业和区域政府对智慧城市理念的理解是不一样的。上海浦东新区对智慧城市怎么理解的呢？我们其实跟政府的理解基本上差不多的，只不过我们可能有一些具有浦东特色的提法，浦东新区提智慧城市是指综合利用各类信息技术和产品，以数字化、智能化、网络化、互动化、协同化、融合化为主要特征。通过互联互通优化并提升城市运行的效率和效益，还是落脚在城市运行效率效益上，希望实现生活更加便捷、环境更加友好、资源更加节约的可持续发展的城市，这是 2010—2011 年浦东新区在做智慧城市规划的时候提出的理念。

截至目前，国家对智慧城市已经基本上有定论了。2014 年 8 月 29 日国家出台了《关于促进智慧城市健康发展的指导意见》，这个意见的出台经历了漫长的过程。我最早拿到征求意见稿的时候是在 2013 年 7 月份，当时国家发展改革委员会等八部委就形成了这样一个征求意见稿，后来却一直没出台，过了一年才正式出台。目前对智慧城市有三个文件是比较重要的。一个是《关于促进信息消费扩大内需的实施意见》，这是在 2013 年 8 月出台的。关于智慧城市其中有一段话：以建设智慧城市为契机，大力推动信息化在城市领域的应用。这是我国第一次在国家级战略性的文件里面提到智慧城市。第二个是 2014 年 3 月份出台的《国家新型城镇化规划》，各位都知道这个规划对这届政府意味着什么。该规划中推动新型城市建设里面有整整一节讲的是智慧城市：要求"推进智慧城市建设，促进信息网络宽带化，城市规划管理信息化，基础设施智能化，公共服务便捷化，产业发展现代化，社会管理精细化'。从六个方面定义了智慧城市，比第一个信息消费战略更加详细具体。但是，这两个文件都没有把智慧城市的定义提出来。第三个是《关于促进智慧城市健康发展的指导意见》，这个文件第一句话就提出，智慧城市是运用物联网、云计算、大数据、空间地理信息集成等新一代信息技术促进城市规划建设管理和服务智慧化的新理念和新模式。所以，智慧城市是什么？就是城市规划建设管理和服务的一个新理念和新模式。这是以后发展的一个非常重要的方向，特别是对于一个城市的创新发展来讲。智慧城市现在发展的情况怎么样？目前的发展可以说是如火如荼，几乎席卷中国所有的城市。

根据住建部数据，截至 2012 年 10 月，95% 以上的副省级城市，76% 以上的地级城市，220 多个城市提出或者是在建智慧城市。这是官方的数据。工信部的《ICT 深度观察》2014 年报告显示，百分之百的副省级城市，89%以上的地级城市（241个），47%以上的县级市正在大力推进智慧城市，或者是开展智慧城市规划。从这两个数据我们可以看出智慧城市已经成为城市发展的一个非常重要的理念，成为政府进行城市规划，或者是产业规划一个非常核心的要素。

智慧城市能够带来什么呢？我们可以从理念上，或者是从可感知的数字上来看一下。比如说在原有电网的效率下，大概有40%—70%的电能是浪费掉的。石油开采，只能开采20%—30%的石油。美国的交通高峰，40%—45%的车辆在寻找停车位。在医疗方面，有220万起由手写处方导致的配方错误，而采用电子病历则可以减少10万人因为医疗事故而死亡。供应链管理方面，我们更有切身的体会。2013年，央视二套连着一个星期一直讲供应链的问题。数据显示，低效的供应链管理使得零售业每年损失400亿美元，相当于销售总额的3.5%，这个比例非常高，在中国，这个数字可能会更高。这是一些基本的数据，智慧城市建设可以让我们在很多方面能够有效率上的提升。

我们认为智慧城市可以带来三个方面的变革。

第一个变革就是优化城市的管理。刚刚发布的《促进智慧城市健康发展的指导意见》一个核心观点，即智慧城市是城市发展的新理念、新模式，比如在智慧能源方面，可以实现更加可靠、安全、经济、高效、环境友好、使用安全的目标，国家电网也提出了要建设坚强的智能电网。智能交通也是很多智慧城市建设的核心内容。北京前两年搞了个上百亿的车联网项目，核心目标就是缓解交通，我们认为这就是智慧的交通管理未来能够带来的变化。还有智慧化的政府服务，通过政府的内部融合和创新，从一个政府多个部门向多个部门一个政府转变。几乎所有的智慧城市建设都是从两个口子切入的，第一是基础设施，布设光纤，建WIFI。第二是建设智慧政府，比如说审批系统、基础数据库等都是智慧政府的内容。

第二个变革就是改善民众的生活体验。上海和北京医疗环境负重过大，上海仁济医院连走道都是躺满了人，排队挂号的人也很多，虽然我们已经在做一些试点，比如说电子病历、自主挂号，能够在一定程度上缓解这种拥挤的状况，但需要走的路还是非常长的。如果我们这块做好了可以给市民提供更加便捷的医疗服务，提供更加舒适的就医体验。还有智能家居，智能家居中我们推出了一个智慧养老。老龄化社会需要居家养老，但是如果没有其他的辅助性设施，居家养老的安全性是缺少保障的。未来智慧养老会给养老服务提供非常核心的变化。另外还有商贸，最常见的就是支付宝，手机支付现在很方便。通过移动化支付改善我们的购物环境。

第三个变革就是促进经济转型升级。促进经济转型升级在国外智慧城市建设过程中很少提。可能是建设的机制和体制不一样，国外的智慧城市往往都是以企业建设为主，建的过程就是谋求企业发展的过程。而国内智慧城市的开端基本上以政府为主，把经济的转型升级作为智慧城市建设的一个核心的内容。

促进经济转型升级，主要体现在以下三点。一是促进现代服务业的发展。智慧城市为现代服务业发展提供了更大的空间、更多的资源。比如，智慧的医疗建设，或者是智慧的交通建设，需要很多做信息服务的公司。浦东公交原来就是一个很传统的公交公司，人在站点上调度，现在则通过电子化调度，全部都在后台完成，调度所形成的信息交给专业信息服务公司管理，开发了掌上公交 APP，可为市民提供移动化信息服务，给企业带来很大的市场空间。智慧城市为现代服务业发展提供了更大的空间，同时现代服务业对智慧城市的建设也产生很大的支撑。我们现在讲大数据，通过分析数据会对整个智慧城市的建设，或者是城市运营效率提升有很大的支撑作用，但是这些信息的挖掘和分析需要现代服务业的公司，需要专门做那种数据分析的公司做信息采集，这种公司为智慧城市的建设起到了支撑的作用，没有这种公司，智慧城市的建设也无从谈起。

二是促进战略性新兴产业，尤其是信息产业的发展，比如说芯片，比如说 RFID，其实是智慧城市建设的核心的支撑，通过这方面的支撑，智慧城市的建设也能够给这些产业带来非常大的促进作用。

三是促进产业融合，催生新兴产品和模式。智慧城市对新产业新模式有着非常强大的催生和激发的作用，比如说智慧的医疗，原来可能更多讲的是医疗的信息化，或者是远程医疗，但是智慧医疗提出之后，我们可以把智慧医疗当成医疗产业新的发展方向。生物医药在浦东新区是非常重要的一个产业，可是它体量不是很大，大概只有几百亿规模。但是，我们完全可以把智慧医疗作为这种生物医药产业非常重要的一个支点，比如说原有的那些医疗设备，通过一些智慧化的改造之后，可以使整个医疗模式产生改变。我们考察一家企业，它原来是做血液检测设备的，属于非常传统的。通过一些新型模式，嵌入智慧化、网络化内容之后，这家企业可以实时采集区域的验血信息，在后端进行处理。这已经超越了传统的卖设备的范畴，变成了一个医疗信息平台公司，这个平台一旦数据积累多了，完全可以对整个区域的卫生医疗情况有非常大的贡献。例如检测血铅，血铅在好多地方都会产生集中性爆发事件，是恶性事件。如果通过这种实时监测发现相关症状，完全可以通过前期介入把这种爆发性的事件控制在初期。这种遏制突发事件的行为必须要基于设备的联网和信息的集中挖掘。所以，对智慧医疗我们认为不仅仅是一个传统的设备生产，或卖设备，更多的是后续服务。在互联网经济下，整个产业盈利点会从前端的卖设备，慢慢地向后端做服务转变。这个就是智慧城市带来的促进产业融合，催生新兴产业和模式的重要方面。当然，智慧医疗仅仅是其中的一块而已。

二、规　　划

主要介绍浦东的规划和《国家智慧城市健康发展指导意见》，后者是国家在智慧城市方面的总体部署。

我先介绍一下浦东的规划，因为浦东的规划在业界受到了大家认可。浦东的规划叫《智慧浦东建设纲要（iPudong2015)》。这个"iPudong2015"是学习新加坡的提法，新加坡叫"iN2015"，他们现在在编"iN2020"。从浦东的规划来讲，主要内容分成四块，即"3935战役"。第一块，建设适度超前的基础设施体系，里面有三项任务，对应第一个"3"。第二块是提升高效惠民的应用示范体系，主要是九个方面，对应第二个"9"。第三块是形成健康坚实的智慧产业体系，从浦东的产业特色来讲，智慧城市关注哪些方面的产业，能够形成什么促进作用，或者是支撑作用。有三个方面内容，对应第三个"3"。第四块是发展环境和保障体系，从五个方面提出智慧城市保障性的措施，有一些体制上的创新，对应第四个"5"。2011年，我们就把产业体系纳入智慧城市领域。从目前来看这和国家的提法是一致的。浦东提出的目标是争取基本建成智慧浦东框架体系，达到基础设施高度覆盖，产业发展高度生态，应用体系高度发达，民众生活高度和谐的新阶段，打造成为国内智慧城市的先导区和示范区。当然，我们目标还是比较高的，比如，民众生活高度和谐，目前还是有差距；应用体系高度发达，这个只能在一部分的领域应用体系是很丰富的，但是它所带来的信息协同整合是很困难的。

我简单把"3935战役"介绍一下。

第一大块就是基础设施，三个内容。第一，是光网城市，提出了百兆进户，千兆进楼，基本上已经完成了。第二，是无线城市，就是公共区域的WIFI覆盖，目前来讲，可以说是走得比我们规划提前。第三，三网融合，相对弱一点。

第二大块是提升高效惠民的应用示范体系。九个方面内容，包括政府服务的协同工程、智能城管的升级工程、社会事业的亲民工程、民众生活的关爱工程等九个方面。

政府服务协同工程，目的是推动政府行为向跨条线、跨部门协同模式转变。目前为止只做了一部分，还有很多工作要做。浙江一家企业——浙大网新帮杭州市做一个整体性规划，其目标就是让各个部门的信息全部整合在同一个平台上，但是比较困难。比如说优化一个政府的门户网站，让门户网站能够起到更多和市民互动的作用，从内部来讲就是要建立网上协同运作模式。主要通过协同 OA 办公平台，委办局的交流全部通过这个协同平台来运作。然后无线应用，这个平台也是移动办公。还有就是开放统一的基础数据平台。浦东新区做的应该不错，三大基础数据库，人口、法人、地理信息，另外还有经济运行数据库、建筑物的数据库也建得差不多了。智能城管升级工程。包括多个方面。城市智慧的感知方面，我们希望能够通过布局传感器，形成一些集中加分布的信息资源存储和利用中心。智慧平安是将公安的信息化、应急的指挥平台等，都纳入到规划里面。智慧电网、智慧生态，放在城管的内容里面。社会事业方面主要是数字健康、医疗等，医疗是"十二五"期间建设智慧城市医疗非常重要的内容。如电子病历、远程医疗等，和规划的还是有差别，原来没有想到的一些东西现在都出现了。比如自主挂号，现在推得比较好一点。有一些我们原来认为比较好的项目，反而推进的效果还不怎么样，规划设想和实际推进效果有差别。建立智慧型终身教育体系。我们提倡的智慧教育从这两年的推进来看，更多的是落在成人教育上面，比如说社区教育，像浦东新区有几个社区在做居民的终身教育。还有数字文化，我们以图书馆为核心内容，当时的设想是把浦东新区所有的图书馆包括街道的图书馆内容全部整合在一起，在任何一个地方都可以知道浦东新区有多少的图书，甚至可以跟上海市的图书馆也整合起来。然后通过一些配送机制，很方便地把整个图书馆联通起来了。目前正在做的是先把浦东新区的整合在一起。

　　民众生活的关爱工程主要是促进社区管理服务的转变。比如市民卡，市民卡有较大争议。原来全国都非常重视市民卡，像长沙、无锡也在做市民卡，无锡做成了，但是后来又把市民卡的部分功能给取消掉，因为无锡把劳动保障和医疗扯在一块了。对市民来讲是方便的，但是上面要求劳动保障卡必须得单列。所以说这就有一个上下级管理、条线管理和区域管理的矛盾冲突。我们并没有做浦东新区统一的智慧城市卡，而是在智慧社区里面推出了一些智慧社区的卡，这个卡是以信用卡为载体，智慧城市卡首先要有一个非常高的粘性，这个粘性保证这个卡可以经常用，不是说我拿了这个卡之后半年都用不上。信用卡是一个比较好的载体，因为信用卡任何地方都可以用，人们随身携带。信用卡加载了一些功能之后，具有对个人的身份识别、积分管理等很多的功能。一个很实际的案例，上海某个区搞了一个自行车的租赁系统，运行一段时间之后好多自行车丢了，虽然是用身份证去登记，但好多人员觉得无所谓，自行车照样拿走了不还。后来我们提了个设想，就是把那个卡用到这个自行车的租赁上，你刷一下信用卡可以有一个预授权，如果你归还了车，它的预授权就取消了，如果不归还这个预授权就扣钱。这样的话，可以避免把自行车骑走了不还这样非常窘迫的情况。智慧家居在推行一些跟智慧养老结合起来的项目，有很多好的应用案例。

　　农村第一个是基础设施的并轨，比如说网络，原来农村的网络不是很好，但是现在基本上能够实现城乡网相同质量。第二个是精准农业试点，主要是农业生产的信息服务。第三个是农民信息化的培训，提高农民信息化的素质。通过农民信息化，帮助农民在生产经营过程中，更多地使用互联网，使用信息技术。

　　重点讲讲两化融合深化工程。两化融合把智慧城市和产业结合起来了，在浦东，我们提得比较多的是制造业的信息化、商贸业的信息化、海洋的信息化、航运的信息化和金融的信息化。原来最早提两化融合的时候其实是工业化和信息化融合，在浦东我们觉得工业的信息化内容还太少，所以我们把它的范围扩大了，包括物流、金融、航运、商贸等都纳入到两化融合的试点中。

　　信息安全保障工作，主要是规范的制度和保障的体系。智慧城市样板，浦东新区设想开展智慧社区、智慧园区、智慧商区的试点工程，还有建设一个智慧新城。2011 年，浦东就推了 10 个智慧社区的试点，像陆家嘴、金桥都是试点。智慧园区，前两年没有讲得太多，2014 年开始，上海市全力推智慧园区的试点，智慧园区不像是社区，每个社区都能找到七八个各种各样的，比如说前几年比较火的智能快递箱，还有一些智慧社区卡，而智慧园区并没有那么多类型的东西。智慧园区中做得比较多的项目，比如说工业企业的能耗检测，通过一些平台化的第三方公司来做，对整个园区的节能减排有很好的作用。另外智能电网的建设，比如说在张江高科技园区，该园区产业的特征是有很多的集成电路企业，这些企业对电力的要求是非常高的，比一般工业的企业要高，因此，在这个园区里面智能的电网是一个很重要的方面。另外，比如说浦东的软件园里面主要是软件信息服务业的企业，或者简单来讲就是软件企业，全办公的，软件园的企业特征是小，所以在这种园区中我们就支持他们建企业的信息化云计算信息平台。浦东软件园建了一个云计算服务平台，小企业完全可以什么都不用带，可以办公，所有的办公软件、企业所需要的测试软件，都可以帮企业弄好。这样就可以减少企业的信息化装备投入和运营费用。每个园区根据自己的需求特点在做一些事情，这就是智慧园区和智慧社区所不一样的地方。基本上，园区特色比较鲜明，而社区的同质化比较严重。智慧商区目前我们来做的还不是很多，但是有的已经在试点了。智慧新城主要是指临港新城，想把临港新城打造成智慧新城，比如说在海水利用、潮汐能、风能等方面能够有整合性的应用。信息市民的培训主要是针对浦东市民的信息化素质培训。职业培训、信息主管的开发计划，主要是帮助企业进行信息化特别是原有那种相对传统企业的信息化主管的培训，这是未来非常重要的内容。以上是浦东"3935"战役的第二块，提升高效惠民的应用示范体系的九个方面。

第三大块是产业，产业里面包括三个内容，智慧产业化，第一是产业智慧化。技术能够进行产业化，产业能够更加智慧。产业智慧化指我们原有的一些传统产业，比如说物流业、传统制造业，能够更加智慧。当然，现在有一些更好的称呼，比如说叫智能制造，或者德国的"工业4.0"新的称呼。第二是电子信息制造业，主要包括像集成电路、软件信息服务业等，这是浦东的特色。第三是新型交叉领域，比如说互联网、云计算、电子商务。我们把智慧城市所涉及的产业分成了三大类，一个是电子信息制造的，一个是软件服务的，一个是交叉的。这三个产业，就是跟智慧城市建设密切相关的产业，互为支撑，而且通过智慧城市能够促进和衍生出来新的产业体系。发展环境就不多说了，基本上都差不多，比如像领导考核、资金投入等。资金投入里面可能会注重怎么借助社会性的资本。制度创新主要是有两块，一块是政府投入资金制度的创新，很多地方政府的信息化投入是分散的，分散在各个委办局。浦东有统一的部门牵头来做，避免了每个委办局各自搞各自的。统一调配之后，可以很大程度上避免这个现象。还有一个制度创新，就是浦东新区引入了 IT 治理，帮助政府进行信息化项目全周期的管理。

下面，介绍一下《关于促进智慧城市健康发展的指导意见》。我把原文里面比较惹眼的几个词给标出来。首先，智慧城市的定义给明确了，这是第一次在国家文件中把智慧城市明确了，特别提到了新一代技术的创新应用，这个是核心内容。还明确提出，国内智慧城市的建设现在的问题是缺乏顶层设计和统筹规划，思路不清、盲目建设。文件提出了要建设 20 个特色鲜明的智慧城市。在原则方面，提出要以人为本推进、确保安全。特别是提出要加强顶层设计，完善投融资机制。

第一，是明确了智慧城市的定义。智慧城市是一个新理念和新模式，把智慧城市作为建设四化融合的一个内容。四化融合是这届政府提出来的新理念，而智慧城市是实现这四个理念融合非常重要的内涵。所以，智慧城市基本的定位已经非常明确。第二，指出了国内智慧城市发展的问题。明确提出缺乏顶层设计和统筹规划体制机制创新滞后、网络安全隐患和风险突出等问题，一些地方出现思路不清、盲目建设的苗头。在投资上要想清楚了再做。这个指导意见非常重要。第三，提出了发展指导思想，加强和完善政府引导，统筹物质信息和智力资源，推动新一代技术创新应用。第四，加强城市管理和服务体系城市化建设，发展民生服务智慧应用。强化信息网络安全保障，目标就是提升城市的综合承载能力，比如居住、交通的承受能力，环境的承受能力，居民的幸福感受等，要把老百姓的感知作为智慧城市建设的最终落脚点。第五，促进城镇化发展质量和水平全面提升。主要的目标是到 2020 年建成一批特色鲜明的智慧城市，聚焦和辐射带动作用大幅增强，综合竞争优势明显提高，在保障和改善民生服务等方面起着显著的成效。

但是，这个指导意见中没有直接讲产业发展高端化，或者产业发展融合化。主要说的是城市管理和民众服务的，比如说城市管理精细化，公共服务便捷化，网络安全长效化，基础设施智能化，生活环境宜居化等五个方面。这五个方面和 2014 年 3 月出台的《国家新型城镇化规划》中提的六个方面基本上是吻合的，差异不大。在新型城镇化规划中把智慧城市分为了六个方面，其中有一个是产业经济。这个指导意见提出的五个方面中没有产业经济，但是在基础设施智能化里面提到了两化融合，促进信息服务业的发展。而且在具体的任务中对产业经济也提出了意见。第一个是科学地制订智慧城市的顶层设计。第二个是切实加大信息资源的开发共享力度。第三个是运用新技术、新业态，加强网络信息安全能力建设。……比如说加强顶层设计，支撑构建普惠化的公共服务体系，还有宜居化的生活环境，现代化产业发展体系，在这里提了一个现代化的产业发展体系。后面又讲到运用新技术和新业态。在谈到加大信息资源开发共享力度时，提出加快开发资源的共享，深化重点领域的信息资源开发利用，这可能是和以后的政府开放数据有很大的关联度。

制度建设中主要讲两个方面的内容，一个是针对政府的管理制度，一个是针对资金的投融资的制度。强调产业有非常大的发展机遇。现代化的产业体系，如物流配送、工业化融合、中小企业服务平台，这些都是可以通过智慧城市来推进。促进电子商务，像旅游、餐饮、文化、娱乐、家庭服务、养老服务、社区服务以及工业设计文化创意等领域的发展，其实是一个泛电子商务化的提法了，原来我们提电子商务更多的是商贸，买东西、卖东西。但是浦东新区的电子商务综合试验区，把很多泛电子商务化的东西放进去了，上海是一个国际化的消费都市，但是 B2C 的量在全国占比很小，在电子商务中占比也很小，值得我们思考。

然而在其他方面电子商务内容很多。我们总结了一下，第一个，B2C 这块在国内已经有阿里巴巴、京东等，浦东也有一号店，从总量上面我们是没法跟他们比的。就是说在 B2C 的这块其实上海已经没有太多优势了，或者说是本身也没有成长太多的企业。但是，在其他的领域，比如说我们在大宗农产品交易，浦东有一些，像大宗钢铁交易，浦东是没有钢厂的，不生产一吨钢，但是浦东通过这样一个钢铁贸易的平台，成为全国建筑用钢的行业价格制定者，整个中国的建筑用钢的价格，基本上是由浦东这个钢铁贸易平台制定的，其价格是签订合同的依据。第二，第三方支付，尽管最大的是支付宝，但是 B2B 领域还是有很多其他的竞争者。促进电子商务像旅游、餐饮、文化、娱乐、家庭服务、养老服务、社区服务，以及工业设计文化创意等领域的发展，未来的那些服务都是可以通过电子化的、网络化的服务，是非常重要的一个方面。通过线上线下相结合，电子商务对整个传统行业会形成比较大的冲击，这是我们讲互联网颠覆。

从整个产业的发展的数量来看，根据国家信息中心的预估，"十二五"期间将有 600—800 个城市将建设智慧城市，总投资规模将达两万亿，两万亿还是一个保守的估计，可能仅是政府性的投入，尚不包括市场的投入。由此可见，整个智慧城市建设已经形成了非常非常大的市场空间，无非就是说哪里的企业占多大的份额，是浙江的企业占的多，还是上海的企业占的多，这就是要看当地的企业的水平，和当地的政府推进的力度了。

三、实　　践

智慧城市建设该关注的重点指标。2011 年我们研究院曾经研究制定了智慧城市的指标体系 1.0，在当时国内的智慧城市建设处于刚开始的情况下，大家觉得非常好，觉得至少你抛出一块砖头，让大家知道大概有哪些东西。简单地把我们的智慧城市2.0的指标体系内容介绍一下。

智慧城市2.0的体系包括六个维度，即基础设施、公共管理、信息经济、人文科学素养、市民主观感知和软环境建设。在中国工程院的关于智慧城市评价体系课题里面，我们这套体系也是被非常推崇的。六个维度下面有18个要素，就是二级指标有18个，包括宽带网络的建设水平等，三级指标有37个，像家庭宽带、家庭光纤的可接入率，不是实际的接入率，是可接入率，就是我们电信现在讲的覆盖率。指标区分为核心指标和一般的指标，评估的结果是孕育期、孵化期和雏形期三类。

浦东的"十二五"规划中明确发展目标大概有20个左右，像非涉密公文的网上流转率、百兆宽带的家庭接入率、电子商务的交易额等。在浦东智慧城市的规划中，我们提了这么多最后考核的目标。还有"两化融合"的指数，这个是上海市搞的，很多地方不一定有，主要是衡量当地的工业或者是其他的一些产业和信息化融合的水平。

浦东是怎么推进智慧城市建设的？主要谈谈有什么好的案例、有什么心得体会、产业如何与城市联合互动发展的？先讲四个成效：第一个是信息基础设施；第二个是应用示范效应；第三个是信息产业；第四个是城市的发展环境。从基础设施城市光网来讲，上海应该是全国上网速度最快的，目前浦东正在建一个覆盖全区的WIFI网络，我看其他很多地方会做得更早一点。应用示范效应主要是凸显在电子政务、智慧城管、智能交通等方面，浦东新区应用的体系非常丰富，大概已经建了300个系统左右，实际在运行大概有200多个，应用体系已经是很丰富了。第三个是信息产业，产业的升级主要体现在产业营业收入。2013年的软件和信息服务业大概是1960亿左右，是占全国的5%以上。现在正在验收国家的软件名城示范区。电子信息制造业比如说集成电路、光电子，或者是电信设备制造，大概是2700多亿规模。第四个是城市发展环境强调区域领导的重视，以书记和区长作为推进智慧城市建设主要领导。我们用这个指标体系对浦东进行了评估，综合得分是7.18分，满分是 10 分。我们认为是处于智慧城市建设的孵化期，公共管理和服务、人文科学素养以及软环境三个方面有一定的优势，比较欠缺的地方是市民的主观感知这部分，得分比较低，只有五点几分。这个评估结果对我们接下来应该在哪些方面来做会有一些更好指导作用。当时在做评估的时候，我们对杭州也进行了评估，杭州的评估跟浦东相差不大，也是处于智慧城市建设的孵化期。同济大学吴志强副校长的团队针对全球几十个城市进行了评估，在这个完全第三方的评估中，浦东新区排在第十，国内还有一家城市排在前面，就是第七位的浙江宁波。之前就是一些国外的城市。我们前面讲到浦东在智慧城市公共管理服务这块是有优势的，得分是比较高的。然后，吴校长他们那个团队还有专门针对城市管理和服务内容的一个评估表，在这张表中，浦东在所有被评估城市中排第四位，这是一个非常高的名次，这个评估结果和我们的评估结果基本上是一样的。

浦东新区进行智慧城市建设的主要体会，有六个方面。

第一，特别注重顶层设计和多方共识。国家的指导意见也在强调顶层的设计，有顶层的设计才能去推动，才能避免盲目建设，无序竞争，比如说顶层设计这个包括建设领导小组、专家委、研究团和城市的主要领导。还有资金的强化，除了钱这方面的统筹进一步加大以外，又区域的统筹也会进一步加大。街镇里面的信息化的投入也需要统筹。

第二，特别注重信息资源的共享和统筹机制。信息化建设的过程已经非常长，大概是十几年。从建设之初开始做信息化的建设，到目前为止产生出来一个现状，各个委办局都有很多的系统，信息资源共享整合很难一下子从区域的层面来实现。因为这个难度太大了，我们退而求其次，先从某个领域整合。比如说我们从交通的领域，我们希望把大的交通领域中七八个系统先整合起来，整合成一个平台。比如说在教育方面，可能有七八十个系统，先把自己的系统整合在一起，形成一个平台化的东西，所有的东西都放在上面，在教育系统里面能够形成共享和交流。电子政务也一样，医疗卫生也一样，这样的话，就会从几百个小孤岛，变成十几二十个大孤岛。然后，我们再在这个大孤岛上面架一层结构，把这几个孤岛连起来，目前我们希望通过这几种方式来实现区域信息的统筹和信息整合。因为，还有很多的地方，他们希望最好是全部推翻重做。这个可能性比较小，但是有的地方是可以的，比如说有一些小的县城，原来的信息化很差，完全可以重新做，反而效果会好一点。就是说信息化建设有后发优势这个说法。

第三，注重打造 PPP 模式。浦东很早就提出来了，在实践中我们有很多的案例在做。我统计了 2011 年到 2013 年政府投入的 99 个项目，投资了 9 个亿左右，主要项目在电子政务、智慧城管、交通等几个方面。从投入的资金看，交通占了 6% 的项目，但是占了 60% 的资金。2010 年到 2012 年浦东有 118 个项目，投资了大概三百亿。但是其中只有 10 个亿左右是浦东新区政府投的，其他的全部都是企业投的，这些企业中包括对网络设施的投资，主要是运营商，一百多个亿。像 3G、WIFI 建设全部是运营商的。企业的投入，产业化的项目大概是一百多亿，还有其他一些做各种应用体系的，有十多亿。

第四，注重紧扣市民示范引领，从我们推进的一些项目来看，一定是要落实到市民能够感知、能够参与、能够体验到的方面。主要是在智慧社区、智慧园区，推进了不少项目。

第五，注重推进产用联动，智慧城市建设和产业的发展互为支撑，智慧城市不仅是花钱的事，更要变成促进经济的发展，变成赚钱的事。浦东有一家企业西本钢铁，是做钢材指数的一家企业，原来信息化部门在公司里面是不受重视的，是一个产生费用的部门，只花钱，不赚钱。但是，后来慢慢通过一些平台的建设之后，发现通过信息化建设这个平台，能够给公司带来很大的一个运营收入，就是说通过信息化的建设，这个部门已经从一个费用部门变成了一个利润部门了。这在建设智慧城市中是一个很重要的理念，一个城市来建设智慧城市，除了它的确需要花费之外，要能够提供一个更好的城市模式，老百姓能够更好地生活。更重要的是智慧城市的建设其实是对当地经济发展会有一个很大的促进作用。这是建设智慧城市重要的动力源泉。

第六，注重科学可持续的项目管理制度。项目管理看似很小的一个东西，主要是跟我们的实际操作中有很大的关系。为什么？因为从浦东原先几年的实际情况来看，各个委办局的立项很积极，但是立项之后，委办局的领导根本就没有时间管的。委办局的工作人员也没有专注来抓，做着做着就没有人管了。做到后来，有的领导要调整功能，可能验收都验收不了。所以，我们就引入了一个 IT 治理的制度，目前还没有百分百的覆盖。对一些实施难度比较大的项目，我们希望引入第三方机构，这个机构从开始提出项目的时候就参与，从项目的可行性论证、资金估算及所有管理全程参与，比一般的项目监理要管得细得多。有这样一个机构能使政府项目提高成功率，也会使验收率提高很多。

下面我讲几个案例。

第一个是智慧政务。电子政务方面，浦东新区正在从以政府为中心向以公众为服务中心模式转变。通过前台一口受理，中台交换，实现上百个部门数据交换，后台协同办理的过程，形成了一口受理之后，后面就不用操心了，相当于一个市民不用知道你后面这么多的流程是干什么用的，只要一口受理就行了，就是行政审批一体化平台。智慧公交正在改变城市的交通状况。第一是公交的调度，全部是电子化、信息化的调度。原来在马路边上的调度现在全部放到一个房间里面，一个人一台电脑调度十几条线，原来一条公交线路需要四个人。在公交车上安装信息采集器，可以通过智能化的公交站杆和公交 APP 的软件，及时提供给市民公交车辆位置信息。因此在浦东，好多人坐公交是先看一下我要坐的这个公交车离这还有几站，可以提前到公交站台。

第二个是智慧化应用系统，以企业为主建设的，政府给予一小部分资金的资助，建成以后企业可以再衍生出一些其他可持续的经营模式。在智慧城市管理领域，我们有一个能耗在线监测平台，针对浦东的三要办公楼宇，建立能耗在线监测平台，将楼宇实时用能情况反映到平台上。一方面这是政府能源监控的需求，另一方面在数据积累之后，可以对办公楼宇怎么节能提出比较好的建议。如果需要节能改造，企业可以有更好的优势来承接节能改造项目。这是一个良性投入产出的机制。在智慧园区领域我们也发现一家企业，也是建立了类似平台，针对园区工业企业，给这些企业装上了能耗检测设备，所有信息全部反映到平台上，这个平台不仅服务浦东，还将全国很多企业数据都接进去了。这些数据，可以卖给当地的政府、当地的园区，这样有固定的收入；也可以提供给其他企业，企业也是需要这些数据的，企业以很低的费用取得数据，对企业来讲不构成负担。通过这种形式，企业形成一个新的核心业务，这个业务政府需要，其他企业也需要，多方共赢，这就是我们关注的非常典型的 PPP 模式案例。

第三个是公共数据库。比如人口、法人、地理信息之类的数据库。智慧社区建设比较复杂，这个社区想搞这个，那个社区想搞那个。比如说浦东陆家嘴在社区里面有十几个智慧化应用，几十个各种各样的案例，很难从一个区政府的层面来统一。所以，我们主要是从整体规划方面来给提供一些指导，给浦东一些街道做指导意见。主要是四个方面，比如建设网络设施时的宽带建设，公共服务平台方面首要考虑是将所有信息接到统一平台上。服务载体方面可通过哪几个渠道，如电视、门户网站、热线电话等。智慧化应用，比如说志愿者管理在很多的社区都会用到；停车管理，在密集区域停车是个大问题；门禁的管理，我们把一些好的应用推荐给他们，希望他们可以根据自己需求来做选择。

四、展　望

未来的智慧城市建设从哪几个方面考虑？智慧城市建设虽然在国内才几年的时间，到现在来讲，其实规划还没有完全做好，但是已经有很大、很多的变化。目前，智慧城市建设面临着六个转变。

第一个转变，智慧城市或者是信息化的规划，从一个专题性的、局部性的规划向综合性的、统筹性的、融合性的规划转变。不管是信息化规划还是智慧城市规划，从形态上来讲，可能还是一个专题性规划，从内容上来讲，应该是一个综合性的、统筹性的、融合性的规划，特别是在国家出台了三个文件的指导下。当前的智慧城市建设，实际上存在着部门化、条线化和分割化的格局，在各个地方都存在，包括浦东新区。其中认识不统一、理念和实际不完全一致等问题都有体现。基础设施建设的阻力也很大，像 3G、4G 基站的建设，4G 基站的建设要建九十几个，才建了二十多个，很难推下去，没有人愿意在家旁边建基站，但是建基站是未来发展的核心内容。所以，应该从整体的规划切入，纳入整个区域的规划。比如说，在做城市详规和控规的时候就把基站纳入进去，而不是说建好了之后再进行基站布点。国家特别强调顶层设计，八部委联合发布的指导意见的核心内容就是顶层设计。这就使得我们智慧城市规划必须和社会经济总体规划包括土地规划、基础设施的建设融合起来。所以现在有一种提法说信息基础设施和原来我们的那个三通一平、九通一平一样，是城市建设的基础。还有就是我们觉得也是有影响的，就是基本上各个城市都成立了智慧城市建设领导小组，大部分是一把手牵头的，所以，智慧城市规划会往综合性方面靠近。

第二个转变，在应用上，可能会从智慧应用体系丰富向全面的协同共享转变。就是说前几年大家都在忙各个系统建设，接下来可能重点从应用体系的丰富和完善向全面协同共享转变。就是说，不仅是一个部门信息化业务支撑的内容，而更多地指从区域的层面来讲，大的条线、大的条块上如何实现信息的整合。为什么呢？条线的信息化，业务其实已经比较丰富。未来对整个业务的支撑增长性应该是比较有限，但是通过全面协同带来区域效率的提升还是有很大的空间。

第三个转变，在服务上，从一个政府多个部门向多个部门一个政府转变。这句话在浦东的"十二五"规划里面也提了，但是我们觉得并不是经过五年就可以完成的一个任务，可能需要经过十年或者是更长的时间。从城市发展的轨迹来看，政府对外提供服务肯定是要一体化，一体化程度必然越来越高。前几年各个地方都非常热衷于建设一门式的受理服务，就是造一个楼，把委办局的服务窗口都集中在一起。这个比原来方便了。就是说前台领个号，到对应办事的窗口去。这是原来一门式的服务，这是一个传统服务模式了。未来一门式服务可能最终要向一口式转变。一口式就是说你进来之后就是像银行一样，每一个窗口都可以存钱，都可以转账。你交给窗口之后，后台怎么处理市民不需要知道，形成了结果之后再一口出去，这样不仅提升效率，也会防止很多权力寻租的情况出现。

第四个转变，在信息上，从信息的采集、挖掘存储、保管为主向以市民和企业为核心的信息惠民转变。这和信息化建设的阶段特征密切相关。前几年信息化的建设力度也很大，但基本上所采集的信息是自己保管为主的，就是说原有的信息工作基本上是以信息采集、挖掘、存储、保管为主。可能自己部门有些应用，但不多。接下来这些信息通过共享之后，可能真正对市民和企业产生重要影响。这是未来很重要的一个方面。

第五个转变，在经济上，从不开放数据向政府开放数据催生新兴经济，或者是新兴业态模式转变。主要是信息消费，信息消费是拉动内需的战略举措。从信息消费角度出发，政府的信息开放必然衍生出以此为核心的新兴经济体，或者是新兴的业态。举个简单的例子，一家企业把美国进出口的数据进行加工，加工之后卖给国内的企业，比如说美国半年来什么产品突然增加了，那相关企业要注意了，里面是不是有风险。国内政府的信息也是一样的，好多企业希望拿到政府的信息，比如政府的信用信息，企业受罚的信息。浦东有一家公司叫"我查查"，就提出能不能把政府食品安全信息放给它，它可以在用户扫描商品之后提供信息给用户，比如说政府曾经发现某商品出过质量问题等，这样的话对整个产业发展会有更好的一些作用。还有交通信息，用百度地图、高德地图查一下实时车流量，但这些流量不是政府交通数据信息，是百度通过出租车公司调用的。所以说像这种信息如果开放给社会可能会衍生出更多的服务，给企业形成新的业务支撑点。企业有了这些业务支撑之后，整个经济可能就发展得更好了。韩国在 2013 年提出了政府 3.0 计划，核心理念就是把政府的数据公开，从百万级上升到亿级，通过这样的信息公开，可能在短时期内催生一个上千亿美元的产业。这也是智慧城市促进产业发展的一个非常重要的方面。

第六个转变，在机制上从政府主导和引导向市场化为主、市场化主动参与转变。这两年在讲智慧城市投入机制的时候，要么是政府主导，要么就是政府引导，基本上以这两个为主。但是未来发展肯定首先是政府引导，但更多时候说不定根本不需要政府引导，企业会自己主动要求进入。比如杭州的银江股份，在贵州签了一个大单，大概 60 亿左右。这 60 亿左右，绝大部分是银江股份自己出的，当地只配套一小部分。这样一个案例说明企业愿意主动投大量的资本进入到这个领域，实现未来收入的可持续增长。所以从这个角度来看，投入机制正从政府主导和引导向市场化主动参与、主动进入模式转变。这个产业有两万亿产业规模，实际上可能远远不止。有这样一个大的发展空间，市场的决定性因素会发挥重要作用。

智慧城市到底在哪些方面会有建设需求，或者是哪些方面是值得我们关注推进的？直接领域就是电子政务、智慧交通、智慧城管、智慧能源和基础设施。这些是智慧城市的在初期非常基础、非常核心的领域。比如说电子政务方面，首先要实现政府管理和服务智能化、便捷化，提高政府的效率。智慧交通在很大程度上能够缓解城市交通问题。城市管理方面，最早是以数字城管网格化管理为主，接下来可能是从城市管理慢慢向社会化的管理迁移，或者把社会管理这个职能也放到网格管理和数字城市管理城管的领域里面去。比如说社会化的需求，浦东有一个镇，好多的市民需求也放在它的网格管理中心，实行统一的调度。这个可能是在某一小的区域成为未来发展的方向。能源就不用说了，新能源汽车已经是国家的一个核心发展战略。基础设施的话，我们可以看一下宽带中国战略，未来几年会有很大的投入。

还有潜力领域。如智慧养老，老龄化社会已经来到，智慧养老需求很大。智慧医疗，不仅是对医疗的服务有很大的改善，智慧医疗本身也是生物医药产业发展的一个新的支点。智慧楼宇，绿地集团有很大一部分放在智慧楼宇，他们认为未来的房地产商会慢慢把它的核心往后端移，前端卖房空间在缩小，需要通过增加附加值来把利润往后延。比如说，该集团通过建绿地中心，提供很多的智慧化、人性化的服务，让大家更愿意在那边去享受服务，从而形成新的可持续的利润空间。

"两化融合"是产业发展的一个非常重要的方面。信息安全一方面是政府需要推进的事，同时信息安全本身也是一个大的产业。智能家居其实跟智慧楼宇有很大的关系，我们现在了解到好多智能家居就是在智慧楼宇里面做的。比如有一套智能家居系统加载在房地产商造的楼里面，每平方大概增加两三百块钱的成本。但是它这个楼房造出来的品质至少可以多卖三千块钱，附加值体现出来了。在融合性的领域，互联网将颠覆一些产业。比如说互联网教育，浦东有几家企业在做互联网教育，效果非常好。互联网金融，像余额宝是其中一个，通过余额宝，天鸿基金从一个名不见经传的小基金公司，成为基金业里面最大的公司。所以，互联网金融带给大家的是一个想象不到的空间。还有工业互联网，通用、微软都非常推崇这样一个领域。其他领域还有很多，我们可以认为是"互联网+N"这样一个体系。但是，这些领域的发展，对政府行政管理产生很大挑战。比如说互联网教育，浦东现在有几家，头疼的是没有资质，因为一般的教育机构需要固定的场所和老师，但是，互联网教育根本不需要。在这种模式下，很难用原有的一套管理办法去管理。怎么去引导，怎么去改变？浦东新区在前两年的时候有一家企业叫春雨供应链，是做第三方物流服务的，它建立一个平台，在这个平台上，产品的供给方和海外的一些需求方进行交易。像这种企业，起初不被认为是物流公司，但有很多客户需要它开物流企业的发票。类似这种问题浦东新区也是从特事特办的角度，进行变通处理。但这只是治标不治本，应该有一个更大的体制机制创新。

还有支撑性的领域，主要是像芯片、物联网这个方面。比如，基本上所有的智慧城市建设的传感网络，都需要有传感器，我们现在看到国内很多的传感器是不好的。像上海的万达广场下面的停车库，每个停车位上面有一个灯，车停进去了就是红灯，车开走了就是绿灯。但是，这种灯我看到有很多都是坏的，用不了多久就坏了。我想可能是因为国产的设备质量还不过关。另外还有可穿戴设备，目前还没有一个很好的市场爆发点，但这是未来发展的一个方向。大数据产业的发展对整个信息加工、挖掘是比较大的支撑。

第一，智慧城市架构非常复杂，牵扯面很广，顶层设计非常重要。这也是我们看到的国家的要求，要有顶层设计，框架要超前，统筹要有力。我觉得做顶层设计的时候，两个要点，一个是框架要超前，相对要比我们现在所需求的更加超前一点，统筹一定要有力，要破除原有的部门信息化的传统格局。第二，智慧城市前景广阔，不仅对城市自身创新与发展是机遇，通过建设智慧城市，使得城市本身的竞争力提升了，城市的形象也好，市民的生活也好，会有很好的改善。还意味着一个更大的产业发展空间，我非常强调产业发展其实是智慧城市建设的一个核心内容。第三，智慧城市建设和产业发展是可以产生联动发展的效果的，我们在建设智慧城市的时候需要关注这个方面。

根据演讲者 2014 年 10 月 27 日在"浙江省杭州市江干区区管正职领导干部培训班（第二期）"上的案例教学录音整理

大数据与政府管理创新

李　涛

演讲时间：2015 年 4 月 20 日

作者简历：现任 IBM 中国电子政务创新研究院院长，IBM 大中华区政府业务总经理，IBM 大中华区智慧城市业务总经理。1989 年毕业于西北电讯工程学院（现西安电子科技大学）电子工程系。作为政府与公众事业部的智慧城市实践带头人，多次受邀就智慧城市、云计算、大数据、企业转型创新、IBM 领导力等主题，在工信部、发改委、中组部、中央党校、中浦院等做主题演讲，兼任多所大学的客座教授，任《中国信息界》杂志社编委，并受邀参与北京市与上海市"十二五"规划制定。

内容提要：数据正在成为新的自然资源。作为拥有高质量的数据的政府部门，如何利用大数据分析，形成洞察，辅助决策，实现管理创新？IBM 公司正在进行的全球一系列实践表明：大数据的实现是系统工程。需要从内部整合到外部整合，从文化转型到业务转型。

一、大数据的特征和应用

我们正身处一个充满数据的时代。如今，几乎每个人所有的足迹都会被实时记录，甚至个人的需求、需要、观点和偏好，都会被捕获。据统计，2015 年全球大数据分析支出将达到 1870 亿美元。2015 年全球互联的智能设备总数将超过 1 万亿。全世界每天产生 25 亿 GB 数据，其中 80% 是非结构化数据。各个行业都开始试图从纷繁的海量数据中，通过分析获得行业洞察，以指导生产。

以农业为例。18 世纪的农业，我们称为"生存农业"，农民只能产出所必需的最少量食物来供养家人，并留出一些食物应对数个月的寒冬。20 世纪中叶，工业革命使得机械在农业普遍使用，农作物的单位产量和质量都有了显著的提高。大数据时代的到来使得农民需要测量和了解数量巨大、种类多样的数据所能带来的影响，因为这些数据驱动着他们的耕地的整体质量与产量。这些数据包括当地的天气数据、GPS 数据、土壤细节、种子、化肥和作物保护剂规格等等。可以说，数据科学已经成为农业新的推动力。

Vestas 是全球最大的风电系统供应商，在 IBM 大数据分析的帮助下，Vestas 得以分析诸多种类的结构化和非结构化数据：如气象数据、潮汐相位、地理空间与传感器数据、卫星图像、森林砍伐地图和用在确切安装定位的气象建模研究等——这些之前需要数周时间完成的分析工作现在只需不到一小时就可完成，从而将风力发电机的布置确定时间从数周缩短到数小时，降低风机能耗 40%。

Con-way Freight 是全球领先的物流企业，通过 IBM 的分析软件，承载整个企业数以百计的客户即席查询，进行 50% 以上的交易细节数据随机分析，提高物流效率 40%。能够深入了解客户，实现了数据驱动决策。

这些行业及企业在大数据方面的探索，让我们深切感受到，数据已经不再是生产过程中的附属品，而真正成为生产工具本身。很少有人再质疑数据是否有价值，而是"如何提取价值，并将之应用于商业以产生创新"。

IBM 作为全球领先的信息技术服务提供商，一直是科技的引领者。在过去的 104 年历史里，拥有 6 位诺贝尔奖获得者，6 位图灵奖获得者，22 位美国科学院院士，64 位工程院院士，连续 22 年在美国的专利申请全球排名第一。大数据与云计算，移动互联和社交媒体及安全，已经成为未来公司发展的战略方向。在大数据方面，从 2005 年起，IBM 花费超过 160 亿美元收购了 35 家与大数据和分析相关的公司。成为这一领域的全面解决方案提供商。

2012 年 IBM 商业价值研究院与牛津大学赛德商学院联手进行了大数据研究，调查了 95 个国家中的 1144 名业务和 IT 专业人员，并采访了 20 多名学者、业务主题专家和企业高管。在报告中，我们对大数据定义了 4V 特征：数量（Volume）、多样（Variety）、精确（Veracity）和速度（Velocity）。其中精确是指数据具有固有的不确定性，例如：人的感情和诚实性；曼哈顿摩天大楼上安装的 GPS 传感器；天气形势；经济因素；以及未来。在处理这些类型的数据时，数据清理无法修正这种不确定性。然而，尽管存在不确定性，数据仍然包含宝贵的信息。确认并接受这种不确定性的需求是大数据的特点。我们在调研过程中也发现两个重要趋势，使得大数据时代与之前有显著的区别：在各个行业几乎"所有方面"的数字化过程中产生了新型的大量的实时数据。其中非结构化数据占了很大一部分，如：流数据，地理空间数据或传感器产生的数据。这些数据并不能完美地适用于传统的、结构化的、关系型数据仓库。另一个趋势是，当前先进的分析技术和工艺使得各组织能够以从前无法达到的复杂度、速度和准确度从数据中获得洞察力。

在 IBM，我们看到领导人正在以这些数据作为其竞争优势的新基础，应对来自组织内外部的各种挑战，更重要的是，他们捕捉到了数据的时间价值。因为，竞争的优势可能会在几分之一秒内分出胜负。

2015年3月，IBM的商业价值研究院发布了题为《分析——速度的优势》的白皮书，基于全球67个国家的1000多位相关的业务和IT专业人士（其中包括77家大中华区企业）的深度访谈，对当前大数据在全球及中国企业应用现状进行了全面分析，这也是IBM第六次全球数据分析调研。

调研有四个发现：

第一，绝大多数的企业目前在一年内实现了大数据投资的回报，63%的受访企业在一年内实现了正面的分析投资回报，超过四分之一（26%）企业回答，他们在六个月内实现投资回报。75%的受访大中华区企业在一年内实现了正面的分析投资回报。

第二，以客户为中心仍是分析活动的主要目的，在超过半数的组织中，企业高管要求更多的数据洞察主要是为了创造与顾客之间更强的关系。31%致力于通过使用数据和分析提高赢取客户的能力，另外22%使用数据和分析改进客户体验。但企业越来越多地将注意力集中在利用大数据应对运营挑战。

第三，通过将数字化能力集成到业务流程中实现企业转型。多数组织（46%）（选择的）是通过集成数字化能力进行业务流程再造。通过改造流程，这些组织正创造着新的增长所需的敏捷、灵活和精确。他们使用数字化的能力——比如社交和移动技术——去改变人们的联系、交易和参与公司、机构、政府的方式，以及他们如何创造共同价值。

第四，大数据的价值驱动力从数量转变为速度。大数据对组织最初的影响来源于2012年，由于海量的数据越过其临界点。现在我们发现最能区分从数据和分析中创造最大价值的组织的成分是那些能够创造一个敏捷和灵活基础架构的能力，该架构设计用于有效地管理数据并通过分析流程迅速移动。在确信可以实现投资回报后，业务主管希望获得最新洞察的速度开始加快。事实上，在过去12个月，法国、印度、北美、南美和地中海周围的一些国家企业高管一直要求加速交付行动导向的数据。一个组织能够把大量和多样的数据从原始比特和字节变成行动的速度，在今天从数据和分析创造价值方面是关键区分者。支撑这个速度的是大数据技术的使用。

二、大数据时代的政府管理

政府在大数据时代的管理也面临着和企业同样的问题。如历史数据积累不够，数据来源分散。由于数据量过大，数据更新频率过快，而本身具有的快速数据分析能力有限，造成无法有效率地对数据进行利用。但政府其实拥有近 1/3 的高质量数据。我们已经协助全球很多政府机构，充分利用大数据，改善政府管理，成效显著。在交通领域，IBM 研究院与爱尔兰都柏林共同建立一个智能交通系统，提供更新速度和交通流量测量，旅行时间估计，当前交通流量估计和实时交通状况的统计聚合。解决方案是建立在 IBM 的大数据平台上，提供了都柏林市的道路和交通部门对每天 150 条线路 5000 个公交站上 1000 辆公交车到达时间的实时可视化和可见性。拥有这些信息使部门能够优化公交线路和站点位置。大数据时代，最具创新动力的行业，除了大家能想象的媒体行业外，保险业居然也名列前茅。保险业面临的巨大挑战是，如何进行赔付优化和欺诈预防。南非最大的短期保险公司，见证了操作效率惊人的回报。在实现 IBM 解决方案之前，任何保险索赔至少要花三天解决。但有了新系统，那些通过低风险"即刻"通道的简单的索赔一小时内可以解决——比以前快了 70 倍。北卡罗来纳州已经实现了使用 IBM 签名解决方案来帮助减少和管理欺诈医疗保险索赔。该解决方案可以在几分钟内检索成千上万的供应者和数以百万计的索赔，然后将这些案件按照潜在的滥用行为排序。该地区已经发现了超过两千万元的欺诈医疗保险索赔。波士顿使用 IBM 的社交媒体分析能力来提高公共安全。在大规模的城市活动，如体育赛事、游行、音乐会等期间，进行实时监控，获取活动态势，分析并作出响应。监测社交媒体中的特定词语，以追踪打架斗殴、患病、中毒、热点医疗问题和情绪倾向。实现警察和医务人员的快速部署，危急情况下，紧急疏散人群。对设施、排长队、人群密集的情况提供有效反馈，以便为未来的活动策划提供有用的信息

在政府管理创新方面，我们认为大数据最重要的作用在于能帮助政府进行科学决策。一个典型的例子，就是 IBM 的"绿色地平线计划"。这是 IBM 中国研究院在 2014 年 7 月推出的一项未来十年的计划，其中的主要方向之一就是解决大气污染问题。IBM 中国研究院调集全球专家，用最先进的混合数据同步技术和多模混合技术，将空气质量指数中最重要的 PM2.5 的预报，从提前一天，提高到了 15 天的中长期预报，以及 3 天之内的精准（按小时）的天气预报。预报精度达到 1 公里范围。这给主管部门带来管理上的贡献在于：通过预报，提前实施相应措施，改进空气质量；以及通过量化决策支持系统，能分析雾霾成因，并提供解决方案。在和北京市合作的过程中，我们发现，北京的雾霾成因非常复杂。除了受到北京的地形、气候、人口、车辆影响外，周边城市也对北京的空气质量有非常大影响。因此在大气污染治理过程中，通过分析和仿真模拟，我们建议北京周边城市的工厂，如何分时部分关闭。方案经过专家会商，成功实施后，有效地保证了北京在关键会议及社会活动期间的蓝天。大数据分析，让政府的决策更加科学。目前，经过一年多的努力，我们已经能对全国 367 个主要城市，进行提前的趋势预报，以及基于高精度污染预测的减排决策支持。

国务院发布了《促进大数据发展行动纲要》的国家战略，重点要推动政府数据开放共享利用，提升政府治理能力；着力推进大数据技术研发、产业发展和人才培养，促进大数据产业健康发展；着力规范利用大数据，保障数据安全。这三个重点从政府数据开放到产业生态建立，从人才培养到数据安全，给出了大数据的发展方向。的确，从政府管理创新的角度，国外发达国家均已开放数据作为大数据战略的第一步。以美

国为例，2009 年 1 月 21 日，美国总统奥巴马宣誓就职后的第一个工作日就签发了"开放政府"备忘录，指导新一届行政当局从开放政府数据源、建设开放型政府入手，以数字革命带动政府变革。"开放政府"的目的简洁明了：改进公众服务，提升公众信任，更有效管理公众资源和增进政府责任。5 月 20 日，美国政府开放数据的门户 Data.gov 上线，第一批 47 个政府数据源向社会开放。经过 12 个月的运行，Data.gov 升级到 2.0。政府开放的数据源达到 2.5 万个。数据的开放，能让政府更加有效地利用数据，激发创新活力。

三、如何利用大数据促进政府管理创新

国内各地政府对于大数据的关注，让我们也不断思考，怎样的关键点可以帮助各地政府机构有效地开展大数据相关工作，促进管理创新。

以 IBM 经过自身的实践经验，认为有"一个中心"和"四个关键"因素，对大数据的实施影响重大。

"一个中心"即制定组织的大数据战略，明确大数据实施的目的和方向。

"四个关键"因素是：

第一，奠定基础，追求一致性而不是完美。政府可以寻找内部及合作方的所有可用数据，使针对未来、却不一定完美的数据形成一致，并从中选出大家普遍认可的优质数据源作为切入点。

第二，找到痛点，基于洞察采取行动。找到共同专注并急需解决的业务痛点，通过分析，将成果用图形化、易于理解的方式，做快速传播，从而引起各方的重视。

第三，深入扩展，将分析嵌入业务工作的全流程。大数据的战略，是长期工程，必须逐渐从点开始切入，扩展到全流程。不断改进源数据质量，提高全业务的分析能力。

第四，期待改进，通过反馈持续改进。如果说前三个因素，帮助我们建立了一个大数据分析的机制，最后一个因素，则帮助我们让大数据有持续的生命力。其中建立敢于尝试的大数据文化氛围至关重要，尝试各种分析技术，通过最终用户反馈，提高洞察能力。

在 IBM 每两年进行一次的全球 CEO 调研中，我们发现从 2012 年开始，技术被各界认为是企业最关注的外部因素。技术的发展，能让我们分析能力越来越强。IBM 认为，未来的计算时代是认知计算时代。下一代的计算系统，能像人一样具有"无感"，通过汇集来自传感器的信息，有更加智能的"思考"能力，成为人类重要的助手，去解决复杂问题，并为未知领域提供线索。

2011 年，在美国的智力竞答节目"危险边缘"中，IBM 的 Watson 一举击败了游戏中两位最优秀的人类选手。Watson 能听懂人类的自然语言，其中包含了大量幽默、讽刺、双重否定。而理解主持人的自然语言并作答，整个过程仅发生在三秒内。Watson 储存了数百万的文档资料，包括字典、百科全书、新闻、文学以及其他可以建立知识库的参考材料。Watson 的硬件配置可以使它每秒处理 500GB 的数据，相当于 1 秒阅读 100 万本书。研究人员还为其专门开发了深度问答系统，嵌入了机器自学习，使得 Watson 能够在理解语义的同时，有了自我学习能力。Watson 让我们看到了认知计算领域的曙光，经过四年的改进，Watson 已经开始学习各个专业领域的知识，成为行业专家。在医疗领域，Watson 与美国排名第一且被全球公认的最好的肿瘤医院，德州大学安德森癌症中心合作打造"登月计划"。该项目通过采用 IBM Watson 来消除癌症。通过整合安德森癌症中心的临床医生和研究人员的知识，Watson 将帮助临床医生制定、观察和调整癌症患者的治疗方案。Watson 强大的数据处理能力，在大数据时代已经到来之时，将人类从繁琐的数据海洋中解脱出来，能更加高效地处理复杂问题。

2014 年 1 月，IBM 斥资 10 亿美元，成立 Watson 集团，专注于在各个领域的落地服务。除了前面提到，IBM 在大数据领域有一系列的收购外，还通过战略合作，加强对企业客户的服务。我们分别与 FACKBOOK，TWITTER 合作，借助分析大量来自于社交媒体的文本、图片、音视频，帮助客户企业全方位了解其客户需求。在中国，IBM 与腾讯在 2014 年世界杯期间，也分析了来自新浪微博、腾讯微博、QQ 空间上的球迷评论、观点、声音，通过实时的语义分析找到球迷关注话题、球迷性格特点、球迷观点。社交大数据分析让腾讯与球迷之间建立了紧密的沟通，深度的互动。在报道中，利用 IBM 社交大数据分析，腾讯将不同球星的典型球迷清晰地勾勒出来，形成球迷画像，从而让我们看到了更加"接地气"的"足球报道"。除了足球，还有在网球领域，从 2013 年开始，IBM 与中网合作，通过大数据分析，全面提升球迷观赛体验。

IBM 在中国已经走过了三十年，未来，我们的战略是做"中国合伙人"。IBM 公司董事长、总裁兼首席执行官罗睿兰，在 2015 年的中国发展论坛上指出：一个公司不能只把中国当作制造业基地，为国际市场生产产品，而是需要把外国的技术，也不光是国际技术引入中国，我认为跨国公司现在应该和中国的合作伙伴一起发展我们自身的 IT 技术，中国是一个 13 亿人口的大国，必须要有自己的 IT 技术和 IT 行业，我认为这是 IBM 一个巨大的机遇。

IBM 在一年前启动了科技合作伙伴计划（Technology Partnership），加速在中国落地开放、协作、创新的战略。从 Made for China 到 Made with China。

一是开放。IBM 开放了一系列的先进科技给中国，其中包括我们最先进的高端芯片科技，包括很多关键的软件技术，例如数据库科技，获得了政府特别是工信部的支持。

二是协作。在开放的基础上，我们正在跟中国的企业共同创新，打造未来的硬件和软件系统。不但如此，通过跟中国的信息产业的全面合作，我们可以一起建设更具竞争力的、高附加价值的信息产业，帮助中国信息产业升级。

三是创新。通过开放和协作，支持中国创新自己的核心科技，包括信息安全科技，从而支持中国建设安全、可控的信息产业。

诸多的案例和积累，以及政府的支持，让我们更有信心与各界并肩，共同迎接大数据时代的挑战，实现"中国梦"！

根据演讲者 2015 年 4 月 20 日在"智慧城市与城市现代化

专题研讨班（第 2 期）"上的专题讲座录音整理

弯道超越
——建设可持续发展的现代化城市

沈学军

演讲时间：2014 年 4 月 22 日

作者简历：西门子（中国）有限公司高级副总裁，亚洲城市能力中心总经理兼上海总经理。沈学军于 2004 年 2 月加入西门子（中国）有限公司，历任西门子一体化销售总监、上海分公司业务拓展总监、东区业务拓展总监兼浙江省代理总经理、公司副总裁兼湖北、湖南和江西省总经理，东北亚及东盟-太平洋区基础设施与城市业务领域战略部总经理兼西门子亚洲城市能力中心代理总经理等职务。加入西门子之前，沈学军在科尔尼管理咨询公司任咨询顾问。

内容提要：该演讲的核心是如何利用现代技术帮助城市实现弯道超越，让市民生活得更美好。首先，该演讲详细论述了对智慧城市概念的认识，廓清了智慧城市建设中的几个误区。接着，演讲者从六个领域探讨了如何建设现代化城市。最后，对城市如何利用好现代技术实现弯道超越提出了若干有建设性的建议。

今天的题目是：弯道超越——建设可持续发展的现代化城市。先给大家看一段 F1 赛车的视频。从看 F1 赛车视频可以发现两点：第一点，直道很难超越，除非车的性能比其他好很多，可以跑得更快，但是 F1 赛车基本上都是在同一个档次上；第二点，弯道是超越的关键，因为在弯道的时候，如果能够预先判断到弯道的来临，卡位卡得好，特别是碰到连续弯道的时候能够卡好位，那就有很大胜出的可能。所以今天我也想借这个 F1 赛车的观赛体验来作为今天的话题，那就是城市发展怎么样利用现代的技术实现弯道的超越。

一、我们需要什么样的智慧城市

什么是智慧城市？

目前对于智慧城市的定义并不是很统一的，唯一一致的是要运用信息和通信技术（ICT）手段来开展智慧城市建设。有的专家总结，智慧城市的重点在于"互联网 + 物联网 + 云计算"。我对这个定义保留一定的意见。我国住建部批准了 193 个城市做智慧城市试点，并且提供了一个智慧城市体系架构图。在这幅图上，最上面一层是应用层，主要包括智慧产业、智慧管理、智慧民生等，每个城市可能会不一样，但基本上每个城市可能会有 13 个到 18 个系统。应用层下面的内容基本上都是属于 ICT 的，包括技术层、通信层、感知层、标准安全体系等等。我认为这个就是为什么在国内我们把智慧城市应用称之为 ICT 应用，或者称之为"互联网 + 物联网 + 云计算"的原因。相应地，国内也就提出来智慧城市的关键技术应该在几个方面：第一个是"脑袋"——智慧管理平台；第二个是传感器网络，就像人的触觉；第三个是云计算、超级计算、软件服务、数据整合挖掘等，相当于人的身体、躯干和脚。这个是目前国内比较通行的理解，我相信很多人都已经这么讲过了。我今天要提出来的是，存在哪些问题。

第一个是技术风险。现在的技术进步日新月异，特别是在 ICT 方面，因此我们不知道究竟要什么、能做什么、怎么做。上个周王参加一个论坛的时候，一位嘉宾跟我说智慧城市对他来说第一要投钱，第二要建数据云计算能力。我就问了他一个问题，假设这样去做，比如说投入几亿做了数据中心以后，我们对于究竟能够做什么东西出来不清楚怎么办？效果不好怎么办？这是一个巨大的技术投资风险。

第二个是信息安全风险，就是如何确保数据的安全，确保城市运营的安全。这也是个巨大的问题。假设我们通过各种传感器搜集信息，但是我们不对这些信息进行有效的保护，就会出现这个问题。昨天晚上我刚刚知道，德国刚刚从法律上确立了对智能电表的应用进行限制，因为他们发现智能电表有一个问题，就是它能够把家里什么时候有人在，什么时候人不在，有几个人在等等，通过智能电表推算出来，这会侵犯到个人隐私。德国人对这个事情非常敏感，所以他们的法律刚刚讨论说我们可能不能立即上智能电表的体系。

第三个是管理风险，如何来管理这个庞大的系统。按照目前智慧城市通行的定义，要对整个城市所有的数据进行采集，这就意味着每一秒钟我们产生的可能都是几亿的数据，这是巨大的信息量。而如何有效利用这些数据还没有成熟的答案。

第四个是协同风险，这涉及目前互相独立的部门设置如何应用这个系统。每个城市有很多部门，有经信委、建委、发改委等等，每个委办之间都有各自独立的职责。按照现在智慧城市的设计，要求部门与部门之间的间隔全部打开，这对我们目前来讲是一个巨大的挑战。不要说中国目前做不到，所有的西方国家现在也做不到。因为这需要底层上的变革，而底层的变革是翻天覆地的变化，非常难做到。

第五个是投资收益风险，谁来负责投入，谁获得收益，这么大的投入是否值得。按照我们的测算，智慧城市建设要投入几万亿，这么大的投入，究竟能为我们的社会产出多大好处？我们不能够为了信息化而信息化，否则我们的智慧城市可能会误入歧途。

那么，应该怎么来看待智慧城市建设这个问题呢？我通过三个现实的例子来尝试解答。

第一个例子，上个世纪 80 年代末 90 年代初的时候，中国开始推企业管理信息系统，当时一度如火如荼。我作为年轻的一员也参与两个企业的信息系统建设过程。我当时也很困惑，我不知道做什么。我相信到了现在大家已经知道答案了，企业管理信息系统当时是画了一个很好的饼，但是画完饼以后发现没法实施，因为企业管理是一个动态的过程，很难通过信息系统来规范它。现在再看，当时实施企业管理信息系统留下的是什么？只有会计电算化和企业资源管理系统，或者说自动化生产这部分非常专业的功能，当时设计的其他功能，比如说要代替人脑去做企业的管理等等，全都浪费掉了。我们的人脑永远是最聪明的，我们的情况千变万化，电脑永远没法跟得上。

第二个例子，互联网的应用。我在 2000 年前后在德国工作，当时接到了很多任务，要为很多企业设计他们的互联网应用战略。钢铁企业来找，汽车企业也来找，都想了解互联网怎么样跟自己的企业管理结合在一起，做电子商务。现在我们看到的答案是什么？互联网应用主要在什么地方？还是企业网页和内网，这个是互联网应用最多的地方，并没有像当初新经济刚刚兴起时设想的那样，每个方面都要实现互联网化。

第三个例子，通信领域的发展。中国 1987 年引入了第一代移动通信系统，特别有钱的人都拿着砖头一样的摩托罗拉"大哥大"。1994 年的时候进入到第一代数字通信系统。数字通信系统跟第一代的移动通信最大的区别是什么？大哥大不能发短消息，发短消息当时要通过人工呼叫发到 BP 机上。第二代通信就解决这个问题，手机可以发短消息了。在 2003 年左右，随着 3G 技术的成熟，当时特别是欧洲国家出现了很多著名的 3G 牌照投标，像沃达丰、德国电信都花了几十亿、几百亿的钱去拿 3G 牌照。然而当他们拿到 3G 牌照以后，发现不知道怎么用这个 3G 牌照。为什么呢？因为当时大家还满足于"通话＋短信"的时代，没有具体需要带宽的数据应用，所以导致了 3G 网络建设一直没有做起来。一直到了 2006 或 2007 年左右，3G 网络才真正开始使用，因为那个时候有一些 3G 应用出来了，像现在大家知道的微信、移动 QQ、微博等等这些应用出来了，才真正推动了 3G 的发展。我相信 4G 在中国的应用也会走这样一条路子。

这三个例子都说明了一个问题。任何新技术的出现，是一件好东西，但是要用好这个新技术更关键的是要找到它"杀手锏"的应用，要真正能够给这个社会带来有效的投入产出比，这个是最核心的问题。这点对我们的启发是，作为智慧城市的建设上，切入点也应该是"杀手锏"的应用。

怎么样来寻找"杀手锏"的应用，有两个方面的思路。

第一个方面，怎么样满足现在的需求，或者说如何解决城市现在面临的挑战。城市现在面临很多的挑战，包括交通拥堵、高耗能产业能耗、环境污染问题等，都是很现实的和突出的。智慧城市能不能帮助城市去解决这些问题？

第二个方面，要创造需求。城市未来会向什么方向发展？智慧城市能不能帮助城市向这个方向发展，面对未来建立自己独特的竞争力？从这个角度来讲，现在已经看到一些趋势，比如说做一体化的智能基础设施或者整合的交通、与智能电网一体化的智能建筑、消费者即生产者（Prosumer）等。

基于以上两个方面的认识，下一个要问的问题就是如何确定优先级和建设的先后顺序，如何让城市建立可持续的后发优势。

我们认为，可以用一个评估框架来确定城市优先做哪些事情。我们用横坐标表示紧迫性，纵坐标代表投入产出效益，把各种各样的应用放在这个坐标系中通过这两个维度来加以衡量，看看哪些是真正对这个城市的竞争力有关键影响的，是对这个城市未来的宜居性建设有关键影响的。比如说，北京未来可能会像新加坡和伦敦一样做电子围栏进行拥堵收费缓解交通拥堵。

按照这个评估框架，我们做了一个初步的优化排序。我们认为解决交通拥堵、降低能耗和排放、解决环境污染、减少自然灾害的损失以及减少水资源的浪费，这几个方面可能是我们中国城市优先需要考虑的内容。与这几个方面相对应的就是智能电网、智能建筑、智能交通、智能水务、智能环保和智能防灾等方面的建设。

当初我们做完这个框架以后，查询了一下我国相关的法律法规，发现 2013 年 1 月 23 日，国家发布了《关于促进我国智慧城市健康有序发展的指导意见（2013—2023）》，指导意见有三条：坚持因地制宜、坚持重点先行、坚持市场主体，这三个方面跟我们的思路正好是不谋而合。

有鉴于此，我们认为智慧城市应用的理念也应侧重于有实际收益的应用。整个智慧城市的建设体系，不应该是前面提到的"一个应用加上若干个 ICT 的网络"，而应该是一种"3+1"的架构，它的上层是智慧管理平台，建立城市关键指标管理体系。第二个是智慧应用领域，包括智慧基础设施、智慧治理、智慧民生、智慧产业、智慧人群和智慧环境。底层是智慧数据收集。这里需要强调的是，即便这个三层的架构，最应该开始实施的也应该是中间智慧应用领域这一块，而且在智慧应用领域，我们也应该有一个优先级的排序。ICT 的技术，包括安全技术、通信技术、存储技术，应该只是一个支撑的框架，并不是说倒过来它在上面。这个是我们提出的一个主要理念。为什么这样提？因为任何一个城市，服务的最终目标是城市的三个主体：公民、企业和政府的高效运作。此外我们认为，智慧城市的理念和技术仅仅是一个城市实现可持续发展的一种途径而已，它应该和生态城市、低碳城市、弹性城市等等其他的技术综合地应用。任何城市最后发展的目的无非服务于三个方面的要求：经济繁荣、社会和谐、环境友好。只有这样，一个城市才是可持续发展的。所以这也是为什么我们没有突出去强调智慧城市，而更多的是把它作为一个手段的一个重要的原因。

受到技术的影响，城市发展的未来是充分整合各种需求，实现城市主体——公民和企业——充分自由的发展。2000 年之后，城市发展已经进入后现代化城市阶段，其推动因素正是智能城市基础设施技术的发展。

二、如何建设现代化城市，让城市生活更美好

中国建设现代化城市应当从自身的实际需要出发，同时结合未来的发展趋势，借鉴全球的成功经验。

（一）智能交通

智能交通的目标应该在于最大限度地发挥各种交通模式的运量（单个和整合使用），提高交通效率，减少污染和排放。一个城市里已经建立了各种各样的交通模式，有地铁、有轨电车、公共汽车、小轿车、助动车、摩托车、自行车和人行步道等等，现在关键的问题是怎么样通过城市规划，怎么样通过系统的整合，充分利用各种交通工具的运量，使得我们的交通效率能够得到提高，污染和排放能够减少。这方面有几个好的案例。

第一个案例，伦敦的拥堵收费制度。伦敦为了解决市区交通拥堵的问题，就在城市中心区域设了一个电子围栏，进入电子围栏的汽车要收费，收费方法也不同，比如说一个人开车进入这个区域收费是比较高的，两个人、三个人同乘一辆车收费是比较低的。不同的车收费也不同，低排放的车也可以低一点，普通的柴油车或者汽油车收费要高一点。通过这个方法来缓解交通拥堵问题和减少排放。采取拥堵收费政策之后，伦敦交通流量提高了 37%，交通总量下降了 20%，出行模式由

自驾车转为使用公共交通。以前伦敦的地铁相对来说是比较空的，现在地铁也比较拥挤，因为大家都开始去乘地铁，所以现在伦敦也要考虑增加公共交通的容量。伦敦还设立了一个低碳区。低碳区是什么概念？就是划定一块区域，对区域内的碳排放量实行动态监测，一旦发现碳排放量超过了设定值，就开始提高收费，这个时候进入的车，收费就要大幅提高，这种方法比我们国内的一些措施，比如说黄标车不允许进入指定区域这样的措施更加严格，它采取的是动态收费的方法，以此来规范人们的行为。

第二个案例，采用自适应信号控制和绿波技术充分利用道路的容量，提高通勤速度和减少排放。德国柏林对这些技术进行了充分的应用。柏林对所有的交通方式进行了整体优化，建立了中央智能交通控制平台，第一个功能是进行智能出入控制，可以实时根据交通状况对路口进行开启和关闭。第二个功能是绿波技术，就是在城市的主干道绿灯通行时间相对比较长，具体多长是根据交通流量实时动态调整的，一个方向交通流量高的时候，绿灯的时间就长，如果下一个时段发现另外一个方向的交通流量大了，就把那个方向的绿灯时间调长。利用这些方式来提高交通效率。第三个功能是公交优先，鼓励绿色出行，这在国外很多城市都已经实施，国内很多城市也在做。国内与国外的区别是什么？国外划的公交线路，特别是有轨电车线路，有轨电车是不停的，有轨电车开过来，红灯自动变成绿灯让它能够通过，通过这样的方式鼓励市民去乘用公交。

（二）智能电网

智能电网建设的目的主要是解决几个方面的问题。第一，利用可再生能源，包括风能、太阳能等，它们有一个共性的问题，就是发电不稳定，会对传统电网形成很大的冲击，所以怎么样利用它就是很大的问题。第二，削峰填谷，保证电力系统的投资优化，电网高效运行。传统发电能力和电网都是按照峰值的要求来进行建设的，当中会形成很大的浪费。比如说要建调峰的电站，要建最大容量的电网等，而且有可能在容量不够的情况下，导致整个网断掉，就像当初在美国东部发生的大断电一样。第三，对于有些地方比较老化和脆弱的城市基础设施，由于没法适应城市发展的需要，会形成各种各样的故障。第四，能源供给的弹性收费问题。第五，偷电问题，国际上有个词叫非技术性损失，实际上就是我们所说的偷电、盗电。智能电网对这些问题能够比较好地解决。

第一个案例，利用智能电网进行削峰填谷。当时美国科罗拉多空军学院要扩建，他们经过评估发现要满足扩建必须要新建一个电厂，这个投资非常巨大，因此他们找到我们来看看有没有其他手段更经济地完成扩建。我们采用了一个需求侧管理的方法，就是把该基地所有的用能进行了摸底，用智能电网去控制它的用电，这样做了以后，发现这个电网不需要新建电厂就可以满足要求。同时这样做还有一个很大的好处，就是可以使得整个电网更加稳定。原因非常简单，因为这个空军学院的用电大户是空调系统。空调系统的负荷是一直在变化的，启动的时候负荷特别大，天气特别热的时候负荷尤其大，所以我们对用户进行需求侧管理，比如说这个空调系统设为 8：05 分启动，另外一个空调系统 8：20 分启动，通过错位，把负荷均化，降低总用电负荷需求。

第二个案例，德国慕尼黑市建设虚拟电厂行动。慕尼黑已经建设了一些风能等小型分布式发电电厂。虚拟电厂实际上就是把一个城市当中不同的小型发电设施，比如说屋顶的太阳能发电、小型的风力发电，通过智能电网的方式整合在一起，就相当于建设了一个虚拟的大电厂。同时，这个虚拟电厂还能够对负荷进行管理，在一定程度上削峰填谷，相当于多建了一个电厂，所以我们称之为虚拟电厂。做虚拟电厂最大的好处是什么？把"垃圾绿色能源"变成真正有益的绿色能源。

（三）智能建筑

智能建筑的目标是实现更低的能耗，更好的利用率和舒适度，更加宜居宜业。

第一个例子，伦敦的水晶宫，综合利用各种能源资源，实现高效智能低碳。水晶宫是全球唯一的一个同时获得美国绿色建筑 LEED 白金最高奖和英国绿色建设最高奖的一个建筑。这个建筑充分利用了各方面的技术：第一，充分利用太阳能光伏和太阳能光热进行发电和产热。第二，充分利用水循环系统，包括雨水收集、中水的回收处理利用、污水的处理，所以这个大楼几乎不需要向城市管网排放污水。第三，利用地源热泵技术，把热水抽上来对这个建筑进行加热，同时利用热存储技术，使得整个热能的使用能够均衡化。第四，利用风能发电和给电动汽车充放电。给汽车充放电这方面很有意思。当时我们有一位电动汽车的首席科学家做了一个测算，像德国那么大的国家，理论上只要 44 万部电动汽车就可以实现整个德国电网的削峰填谷。原理很简单，他认为电动汽车在不行驶的时候就应该接入到电网里面去，向电网放电或者从电网充电。电网之所以有峰谷之分，一方面是因为负荷不均匀，另一方面是因为电力非常难存储。我们现在做了一些事情来储能，比如说抽水蓄能，但这个远远不够，而能够实现双向充放电的电动汽车是理想的分布式储能系统，能够真正做到削峰填谷。这个大楼自身也完成了这样一个功能，充分地把各种各样的能源使用和存储起来。第五，整个建筑立面类似于我们的世博会中国馆，一方面充分利用太阳光照，另一方面不会过多地加热，也是因为这个原因，我们把这个建筑叫作水晶宫。

第二个例子，采用合同能源管理的方式，通过建筑智能化改造提高既有建筑的能源使用效率。我们在全世界范围内进行了评估以后发现，任何一类建筑的节能空间都非常大，最关键的是采用合同能源管理方式的投入产出非常合理，也就是说节约的能源完全可以用来支付投入的成本。我们在中国做的第一个案例是位于上海市南京西路的中信泰富广场，这幢大楼建筑面积大概是 10 万平方米左右，我们对它进行了整体智能化改造。改造完了以后，这幢大楼第一年实现了 185 万千瓦折合228 吨标煤的节能，收益超过 153 万元，不到三年时间就收回了整个改造投资。中信泰富广场当时是按照香港的高标准建设的，并在 2002 年、2003 年连续两年被评为上海市节能标兵，像这样的大楼尚有这样的节能空间，可以想象其他的大楼节能空间更加大。

（四）智能防灾

前几年好多城市都面临同样的问题，一场暴雨就让大家都看水城了，城市内涝对城市破坏非常大。科学家们也在研究，有哪些沿海城市可能会因为海平面上升而被淹没。评估结果显示，2000 年到 2012 年间，各种灾难造成的影响在全球范围内损失了 17，000 万亿，29 亿人口受到影响，120 万人口死亡。分析了所有自然灾害之后，我们发现了一个共同的规律。第一，是灾难本身的可能性和大小。以前我们都说百年一遇的洪水，或者百年一遇的暴雨，但现在这样规模的洪水和暴雨出现的频率更高了。第二，是暴露的程度，哪些地方的人口和设施可能会受到影响。第三，是受到影响以后，城市本身能恢复的，或者抵御这个损害的程度如何。其中前两个是乘的关系，第三个是除的关系，最后得出来的结果就是城市面临的风险。对一个城市而言，灾害本身我们很难能够去驾驭它，但是我们能够在一定程度上抵消这些受灾人口和资产的影响程度。我们可以通过增强技术设施、管理机制和提高设施本身的强健度，减轻或避免受到灾害的影响。

以纽约市为例。2012 年纽约受到"桑迪"台风的影响，整个长岛地区一片黑暗。这次事件之后，纽约市长进行了一次全面的评估，也制定了纽约市今后防灾的策略。他认为，纽约的防灾措施，第一，是要建一些防洪堤坝。第二，是要推广使用气体绝缘开关柜，这是非常有意思的一点。大家有兴趣可以去参观上海宝矿国际大厦，有一年黄浦江发洪水，这幢大楼的地下室被水淹了，万幸的是它用的是气体绝缘柜，洪水一退以后，擦擦干净继续使用一点影响都没有，可以快速从灾害中恢复过来。第三，要建设分布式能源。在纽约 Bronx 地区的 Co-op City 小区，由于它采用的是热电冷三联供的分布式能源系统，这个小区没有受到"桑迪"的任何影响，人们生活照旧。所以他们认为今后的纽约要建设分布式能源和智能电网设施。从长期来讲，纽约要建设自动化的需求侧响应和电动汽车智能电网整合系统。因为自然灾害预测再准确，预防技术用得再好，还是会出现问题，解决问题的最好方法是通过智能的切换，把电、水等系统切换到另外一个备用的回路里面去，从而避免对整个城市造成长时间的持续损害。

荷兰案例。它面临的问题是海平面上升。荷兰是全世界唯一一个国土平均海拔低于海平面的国家，所以他们建立了实时的堤坝监控系统，实际上是一种基于物联网的预警系统，在堤坝内安装一些传感器，实时监测水位、水温、水压、湿度等指标，一旦这些指标发生变化，他们经过计算作出预警，提前开始人、资产的撤离和保护。

（五）智能水务

智能水务的目标是减少水资源的浪费，提高水资源的利用效率和减少污染排放。可以从三个方面实现这一目标，一是减少渗漏，二是回收利用，三是污水处理。

智能化的管网渗漏监测系统可快速准确地确定渗漏点，减少水资源的浪费和对城市运营的破坏。联合国有一个调查，全球平均的水渗漏率大概是30%左右，亚洲城市平均大概是22%左右。水处理花了大量的钱，水资源本身也很珍贵，但是在管网传输过程中，渗漏率也非常高。

渗漏率高的一个原因是管网破了以后，不知道破在什么地方，很难快速采取有效的措施。如果采用智能化的管网渗漏控制软件，基于模型的方法来进行分析，比如说看哪些地方有持续的水压降低，就可以做定位，探测器自动去找到渗漏点。这样不需要大规模去探测，能快速找到。管网渗漏最大的危险是对地基造成损害，突然不知道怎么回事这个地方就地陷了，这个软件能够帮助很好地解决这个问题。这个也属于低投入、高回报的应用案例。

（六）智能环保

智能环保的目标是解决大气污染，其中，由PM2.5引起的广泛雾霾是当务之急。北京环保局公布的数据显示，汽车和化石能源是最主要的原因，假如这两个源头我们能控制住，PM2.5的问题能够得到很大程度的解决。当然北京还有一个特殊现象，这个报告也讲到了，30%左右的PM2.5是外地传输过来的，因为大气是互通的，北风一刮就把北京以外地区的污染物刮进来了。有了这个认识，我们发现已经有充分的手段可以解决目前的雾霾问题。我们应该从两个角度入手：第一个角度是减少化石能源的使用，包括提高能源使用效率和利用清洁能源。第二个角度是利用联合循环技术。使用清洁能源的热电联产技术现在平均效率能达到75%左右，最高的热电联产现在效率能够达到96%，能够大幅度减少化石能源的使用。当然任何措施的实行都必须强化法规和执行，这点非常关键。

（七）未来的城市

我们预计，2020年、2030年的未来城市可能会实现以下几点：

第一，电网与建筑交互通信。接入到智能电网里面的智能建筑本身可能成为一个发电体，能够帮助电网平衡需求。

第二，城区和城际轨道交通连接城市群。即区域轨道交通一体化，从四面八方把人流通过轨道交通体系很好地联结在一起。

第三，电力来自可再生能源。现在欧洲有些城市提出了非常雄心勃勃的计划，最厉害的是荷兰，它要求到 2030 年百分之百的能源来自可再生能源，以后就不用化石能源了。

第四，适用于每个人的多模联运系统。这意味着每个人能够充分利用城市里面的任何交通基础设施顺畅通达。

第五，分布式能源与存储系统。

第六，零排放的智能建筑。

第七，信息技术连接城市各个部分。

1. 智能交通

未来的交通将会全面整合各种交通工具和出行模式，实现系统最优化。我们在 2012 年的时候对城市个人出行做了一个构图：假设一个人要去某处开会，他出门的时候先用手机来做一个规划，说我要到哪里去，这个手机告诉他说你可以先开车，他就开车上路了。在路上走的过程中，他接到了一个信号，说预计前面会有交通拥堵，跟之前给出的交通信号不一样，因为交通动态发展，这个系统就建议他，要把车停在一个停车场去乘公交系统，好，他就在手机上操作说 OK，我要停车，我要买公交车票，在手机上就可以操作完成，手机自动引导他到停车场，然后他通过手机乘上公交系统。公交系统采用的是绿波优先通行，所以他即便在出现拥堵的情况下还能够准时赶到会议现场开会。实际上这个设想中提到的技术在 2014 年年底的时候已经完全可以实现。这个场景看似比较简单，但实际上它有几个方面的要求：第一，要求每个人的个人通信系统能够接到整个城市的交通系统里面；第二，整个城市交通系统要进行整合，包括地铁、有轨电车、公共汽车、私家车、公共自行车、停车场、信号灯等等；第三，系统具备智能预测能力。

2. 智能建筑

未来的建筑将是充分人性化、灵活和智能的，充分帮助住户提高舒适度和效率，降低成本。智能建筑有几个特点：第一，智能发电。楼顶可能有太阳能热和光的收集，也可以做风能发电。第二，智能储能。储能的方式可能是各式各样的，可以用水来储能，也可能用电池来储能。现在市场上已经有一款产品，就像一个柜子一样，里面装的都是锂电池板，能够把一个大楼用的电量都存储在里面，可以代替每一个大楼里面都要备的柴油发电机。第三，智能模块化设计。设想在一个大楼里，用智能技术对空间进行智能划分，做好模块设计，如果某个功能需要移到另外一个位置去，就可能智能地把它移过去。这个技术是现在建筑界设计和解决的问题。第四，智能控制。现在越来越多的大楼叫作智能大楼、甲级写字楼。生态是今后的发展方向，就是说大楼本身以后不再是钢筋水泥的，而是充满绿色的。现在垂直绿化和屋顶绿化都非常多。在意大利的米兰，在全球做了第一个试点，叫作垂直别墅，每家每户都有很大的阳台，这个阳台甚至可以做一个小的游泳池，里面种了很大的树，而且这个大楼可以造十几层，远远看上去就是一个垂直的森林，实际上是让大楼生态化。这方面会有越来越多的发展。

3. 智能电网

未来的电网将是全面双向的坚强网络，容纳可再生能源，平衡电力需求，实现效率和成本的优化。

4. 智能防灾

智能防灾侧重在交通、能源和水务等方面建立抵御灾害和减少损失。交通方面，主要指乘客的应急服务，比如说紧急情况优先通行，实时数据确保有效疏散，现代轨道交通控制提高运量等。能源方面，涉及发电、输电和配电的强壮性，一旦出现事故的时候能够自动监测到，能够把相应的电网隔离掉，或者是旁路掉。水务方面，主要涉及自来水处理、输送和污水处理，包括渗漏探测保证快速响应，自动管网控制改变输水的方向，水质传感器监控污染，自动监控系统预测水坝风险等。建筑方面，住宅、商业楼宇、公共建筑的保护等，包括火灾、燃气泄漏自动报警与疏散，关键设施重点保护，智能微网与应急能源供应相结合。

三、如何实现弯道超越

（一）中国快速的城市化进程给城市管理者提出巨大挑战：如何才能塑造自身的竞争力？

从 1970 年到 2010 年，短短 40 年间，整个苏州扩大了无数倍。这个不是苏州特有的情况，我们大多数的城市可能都走过了这样的进程。这提出了一系列挑战。第一是"城市病"，交通拥堵、空气污染、能源浪费等；第二是潜在的"中等收入陷阱"，大量城市移民以及超前城镇化有可能使中国陷入"中等收入陷阱"；第三是史无前例的城镇化，由于规模和速度空前而导致没有可资借鉴的模式。

（二）中国已取代美国和欧盟，成为全球最大的基础设施投资国：如何确保投资的未来价值和可持续性？

中国基础设施方面的投资已经超过了欧盟的总和和美国。从 GDP 这个角度来讲，还是美国第一位，欧盟第二位，中国第三位，但是我们的基础设施投资已经超过它们，所以也就导致了我们今后可能会出现债务风险的问题。

（三）中国经济预测将回到历史的高位：什么因素会帮助中国最终实现这一进程？

历史上中国和印度经济的发达在于人口庞大和引领进入封建社会状态。兴起于欧洲的第一次和第二次工业革命、思想解放和率先迈入资本主义社会造成了欧美经济的繁荣。未来中国的繁荣必须同时借助于人口优势和技术领先。

（四）中国的城市可以在若干重要领域充分利用技术进步实现跨越式发展，实现弯道超越

说弯道超越，我们首先必须要看到弯道在哪个地方，那就是后现代化建设。在现代城市出现以后，城市建设需经历四个阶段。第一个阶段叫作钢筋水泥的基础设施阶段，建设道路和轨道交通，建设商业楼宇，建设电气化的孤岛。第二个阶段叫作半自动化的基础设施，建设电子化铁路和基础的轨道交通自动化，建设现代化的标准楼宇，建设单向的电网。第三个阶段叫作智慧基础设施，建设无人驾驶轨道交通，建设全自动化的楼宇，建设智能电网管理负荷、储能和发电。第四个阶段叫作完全整合的智能基础设施阶段，实现所有基础设施的整合，并实时智能优化和故障处理。基础设施的整合是未来发展方向。发达国家大部分处于第二阶段，并在向第三、第四阶段迈进。我们要想实现弯道超越，应该是从当前所处的阶段一步向第四个阶段的方向跃进。从目前的技术上和政治体制上来说，这是能够实现的。这是我们认为可以实现弯道超越的一个地方。而且我们认为很关键的一点，发达国家因为之前阶段投入了大量的基础设施，大量的投入沉淀在那些基础设施上面，如果进行改造，走到第三、第四阶段，会有很大的难度。这就比如说我之前买了一

套很昂贵的家具，要把这个家具换成全新的是很难的。但是我们现在是没有家具，我又有钱，我何不买一套好一点的家具呢？因此，我们认为这个是完成弯道超越的很重要的一个前提。

（五）在"地球村"时代，中国必须利用自身的市场特点和技术创新引领发展，实现超越

我们在过去三十多年里观察到了两条不同的 S 曲线，就是市场发展曲线。欧美的曲线是一条比较平滑的曲线，一旦一个新的技术或者市场出现了以后，它会比较早地吸引到消费者，然后这条曲线开始正常增长，增长到了极点以后，这个技术还在继续使用，但是使用者会减少。但是在中国，S 曲线是这样子的，我们把它称为"致命的 S 曲线"，为什么这么讲？第一，同样一个技术，在中国开始使用会晚很多，因为"第一个吃螃蟹的人少"，并且这个技术进入到中国市场以后，很长的一段时间内，都无声无息的，很少有人会去用这个技术。但是到某一点的时候，这个技术的应用会突然爆发，很多人会应用，这个市场突然爆发出来，这个市场大到能突然几倍于欧洲的市场。但是一旦到顶点以后，这个市场又会迅速消失，这个特点对任何一个国家、任何一个企业都是很灾难性的事情。这是我们中国市场一个很大的特点。如何应对呢？我觉得我们中国城市应该充分利用我们自上而下的体制优势推动这些技术的优先使用，让 S 曲线更加平缓一点，对市场少一点冲击。从自下而上的方面来讲，我们要充分放开市场，利用快速城镇化带来的巨大的挑战，让企业充分地创新，利用技术进步和创新，率先利用技术，推动 S 曲线平缓地发展。

（六）通向未来城市发展的路径必然受未来发展愿景和现实需求的双重推动，并需从本地的实际需求出发

第一步，通过现状分析来了解本地的生态禀赋和资源的约束。任何一个城市都是不一样的。比如说像武汉，这是一个水资源特别丰富的城市，有长江和汉江，还有星罗棋布的湖泊，这就对城市的管理提出了不同于其他城市的挑战。怎么样结合本地的特点来进行技术的利用就非常关键。

第二步，定义满足未来城市发展和运营需求的基础设施总体架构。从城市发展的理念来讲，我们现在还处在城市管理的阶段，也就是说，我们把资源作为管理的对象。未来城市的管理理念叫作城市运营，就是说，为了帮助城市里的各种资源，比如说公民和企业充分发展，城市应该提供怎么样的基础服务。

第三步，设计演进实施战略并明确各个阶段实施的重点。现在很多城市已经在尝试做"三规合一"，把城市规划中的交通规划、土地规划、能源规划等等互相衔接。

最后做个总结。第一，智慧城市当前的建设不应该是摊大饼，所有的都去做，而是应该从单个领域的实际需要入手，选择最有价值，并且投入产出比高的应用去实施。第二，通向未来城市发展的路径必然要受未来发展愿景和现实需求的双重推动，并需从本地的实际需求出发。

根据演讲者 2014 年 4 月 22 日在"智慧城市与城市现代化
专题研讨班（第 1 期）"上的专题讲座录音整理

从安全公司的角度看智慧城市建设

陈熙同

演讲时间：2015 年 4 月 21 日

作者简历：现任奇虎 360 副总裁兼 CEO 特别助理，主要负责奇虎 360 的业务发展策划，包括智慧城市、智能硬件等业务拓展，政府关系和香港上市公司、资本管理等工作。1991 年毕业于复旦大学中文系。1991 年至 2014 年，在质检系统工作，曾任国家质检总局新闻办公室副主任、主任及新闻发言人等职务。

内容提要：智慧城市是利用先进的信息技术，实现城市智慧式管理和运行的信息社会系统工程。随着三网融合、两化融合的深入推进，物联网、云计算、大数据等高新技术的应用与发展，智慧城市在建设过程中所面临的网络环境更加复杂，网络与信息安全已经成为智慧城市健康发展的基石。本次讲座从大众所面临的网络安全问题入手，深入浅出地介绍了几大网络威胁的概念和其将对智慧城市建设带来的巨大威胁，并从网络安全公司的角度探讨了如何运用技术创新为智慧城市提供安全解决方案。

360是一家网络安全公司，经过一年的学习，对信息化建设和网络安全状况有了很深刻的理解。我想从一名曾经的新闻发言人、现在的信息安全从业者的角度来谈我对网络安全以及对智慧城市建设的一些认识。

《世界是平的》的作者托马斯·L.弗里德曼推荐了"一本非常鼓舞人心的书!"——《第二次机器革命》，这是美国的埃里克·布莱恩·约弗森和安德鲁·麦卡菲合作的一本书。这两位处于数字技术时代最前沿的思想家阐述了驱动我们经济和生活发生变革的力量。他们提出一个概念是什么呢？第一次机器革命，也就是以发明蒸汽机为标志的第一次工业革命，它延展了人类肌肉的力量，但是发出指令的还是人。第二次机器革命，则是由机器提供人工智能和大数据的一个全新的智慧化时代，由机器作出的决策可能比人类的决策更优秀，它会解放人类，会提高效率，但也会给许多行业带来永久性、颠覆性的改变。向未来发展，就是360董事长周鸿祎和《奇点迫近》的作者所讨论的，是否会面临大量的数据使机器产生意识后发生和人类对抗的问题，我觉得这个还比较遥远，我们先探讨智慧城市所面临的一系列安全问题。

第一个是我们目前所面临的网络安全问题，网络安全的形势是什么？第二个就是我们所研讨的以及正在进行的智慧城市建设面临着的安全威胁及其解决方案。这也是360作为世界最大规模的安全公司所思考的。

一、网络安全形势严峻，风险持续上升

我先给大家列举一个基本的数据，这是360公司每天24小时对全网进行扫描的数据。每天在网络上发生攻击的次数是近1亿次；现在我们在 PC 端、手机端的服务器上，在云端，每天新增的病毒木马是 500 多万个；被攻击的网站是 10 万多个，攻击次数是 1 亿次左右；每天 360 用户标记的骚扰电话数 100 多万个，垃圾短信 1 亿多条；拦截的用户对钓鱼网站的访问每天是 1000 多万次；扫描出的漏洞数每天都是近万个。2014 年 9 月 25 日，360 公司首次发布了面向公众实时发布网络安全状况的指数产品——360 网络安全风险指数。

下面，我想从最基本的网络威胁的概念说起，对个人来说主要会遭受以下五种网络威胁。

一是恶意程序。2014 年，360 互联网安全中心共截获新增恶意程序样本 3.24 亿个，平均每天截获新增恶意程序样本 88.8 万个。其中病毒大家都知道，我们可以把病毒比喻成强盗，它会破坏你的电脑程序和数据文件，通常是黑客炫技的一种形式；木马就是小偷，在你不知道的情况下偷取你电脑中的信息。

二是钓鱼网站。2014 年，360 互联网安全中心共截获新增钓鱼网站 262.1 万个，较 2013 年增长了 19.1%，平均每天截获新增钓鱼网站约 7080 个。钓鱼网站通常指伪装成银行及电子商务，窃取用户提交的银行账号、密码等私密信息的网站。比如"双十一"大家会从各种链接看到淘宝，大多数人不会注意它的域名已经不是淘宝了，只知道是跟淘宝一模一样的页面，然后大家会进去购物，实际上那些制作钓鱼网页的黑客就把你个人的账号和密码盗取了，然后他登录你的支付宝去进行支付或者把资金转走。所以我们说"双十一"狂欢的不止马云背后的女人们，狂欢的还有黑客，仅"双十一"一天被 360 拦截的钓鱼网页就达到了 1.5 亿个。

三是系统漏洞，黑客容易利用漏洞进入你的电脑获取操作权限，执行恶意行为，如获取隐私信息等。2014 年，微软公司官方发布的安全公告中，共发布安全补丁 85 个，累计修补各类漏洞数 341 个，平均每个月发布安全补丁 7 个，平均每月修复安全漏洞约 28 个。

四是骚扰电话，我觉得这是中国比较独特的一种现象，但现在大家可以通过 360 手机卫士来标记骚扰电话。2014 年，用户通过手机卫士标记各类骚扰电话号码约 2.56 亿个，平均每天被用户标记的各类骚扰电话号码约 104 万个。

五是伪基站和垃圾短信。2014 年，360 手机卫士共为全国用户拦截各类垃圾短信约 613 亿条，平均每天拦截垃圾短信 1.68 亿条。一些做销售的人或者不法分子会用自己的电脑做一个移动的伪基站，他可能用三轮车、自行车带一个电脑，或者背着个包在商场里，给区域内的人发一些伪基站的信息，大家都知道垃圾短信不仅是一些销售信息，很多还是诈骗信息。

对正在开展智慧城市建设的城市，还有各部委、各企事业机构来说，我们面临的网络安全攻击基本上有以下几种。

一是网站遭攻击，最典型的就是 2014 年的 10 月初，国务院某政府部门网站被黑客组织恶意攻击，网站瘫痪，大量邮件用户信息密码被盗，同时这几天内我们国内大概有 40 多家政府网站遭到了攻击。

二是 DDoS 攻击（流量攻击），这是一种针对企业、政府或者城市的有针对性的攻击。近年来多家知名网站相继遭到 DDoS 攻击，出现不同程度的访问故障或中断，比如上面提到的政府部门网站登录不了就属于 DDoS 攻击，尽管这些网站已陆续恢复正常访问，但日益猖獗的 DDoS 攻击无疑为广大网站敲响了警钟。

三是 APT 攻击，是高级持续性威胁的简称。这是现在非常常见的一种攻击，针对特定目标人群或目标企业，综合利用各种漏洞和攻击手段的一种高级、长期、持续性的攻击方式，通常具有组织和国家背景支持。

四是拖库，这是针对我们智慧城市云端海量数据库的一种黑客攻击方式。2011 年底，中国最大的软件开发者技术社区 CSDN 后台数据库被黑客恶意发布到互联网上并提供下载，此数据库中包含了 642 万多个用户的账号、密码等信息，严重威胁了相关用户的信息安全。地下黑色产业链已掌握了规模超过 10 亿条的"社工库"，包括用户名、密码、邮箱、身份证号、手机号等用户敏感数据。黑客利用"社工库"，通过"撞库攻击"的方式，可以自动化地在各大网站上破解用户账号，广大用户的隐私、虚拟资产、网银资金等面临严重威胁。

五是震网病毒，实际上就是一种攻击真实世界中重要基础设施（如能源）的"蠕虫"病毒，但是它被称作网络世界的核武器。大家知道美国和欧洲一直对伊朗的核建设采取了非常高压的经济制裁措施，但是从2011年上半年开始美国和欧洲突然就放松了对伊朗核建设的制裁，为什么？因为他们用一个名为震网的电脑病毒就基本上把伊朗核设施都摧毁了，用于浓缩铀材料的离心机受到了严重的破坏，近20%的离心机因此报废，进而导致浓缩铀的产量下降了30%……这个摧毁伊朗核设施的震网病毒研发成本也就相当于美国的一枚导弹。

另外，我们的政府部门、大型企业还有智慧城市所面临的另外一个威胁就是斯诺登所报出来的美国政府的监听计划，大家都知道棱镜计划（PRISM）是一项由美国国家安全局（NSA）自2007年起开始实施的绝密电子监听计划，他们一直对我们很多的运营商、电信企业包括华为的服务器的所有数据进行监听，来窃取核心信息。

对于互联网的发展阶段，大家可以一起做个回顾和展望，我们首先经历了PC时代，通过互联网把人和电脑连接起来；然后我们进入了移动互联时代，也就是通过手机端把人和人、人和消费、人和服务连接起来；接下来我们要面临的是一个车联网时代，像谷歌汽车、特斯拉的智能驾驶汽车都已经要下线了，有的实验城市已经在为无人驾驶汽车上路做基础建设了。根据凯文·凯利的观点，到了2020年我们在汽车上上传和下载的数据量要大于我们在办公室上传和下载的数据量；然后就是智慧家庭时代，这也是当前的一个热点所在，今后家里所有的电器，从灯泡到电视到冰箱，到家里的燃气报警器都会内置芯片，涉及老人和儿童健康或者安全的智能可穿戴设备都会24小时不间断地把数据传到云端。当我们进入了这样一个万物互联的（IOT）时代后，会有各种各样的智能设备，包括家电、汽车、单位以及工厂里的工业控制系统都会连接在一起。IOT万物互联其实就是把所有的东西都连入了互联网，也把所有的东西放在了黑客的攻击范围之内，因为只要有操作系统就有漏洞，只要有漏洞就可能被黑客利用，所以面临的安全威胁也就越大。

我认为IOT时代我们面临着两大威胁，一是终端劫持，终端就是指我们所使用的智能硬件一类的东西，比如智能汽车特斯拉已经被360破解了，360的安全人员已经可以通过手机和电脑操控特斯拉，可以在它行驶过程中打开天窗、可以闪灯和鸣笛，甚至还可以关闭发动机。在2013年美国的黑客大会之前，有一个美国的黑客宣布他要在黑客大会上展示他攻破了GE的心脏起搏器，可以让心脏起搏器停跳，然后在他参加黑客大会的前两天在家里被发现暴毙身亡，大家可以想象这里面有什么故事？再比如像电梯、摄像头这些终端如果被攻击怎么办？安全就会出现问题了，所以终端劫持是最主要的一个威胁。第二个就是数据泄露和数据污染。数据泄露是指黑客攻击你的服务器把核心数据拿走，比如说经济数据、健康隐私数据、企业核心知识产权数据等。数据污染大家可能没有特别思考过，在智慧城市建设的过程中，包括智能交通、智能医疗等等海量的数据信息被传送到云端，真正为政府在城市管理、社会管理和经济调控中作出科学决策提供了很好的数据支撑，但是如果云端服务器被攻破，黑客在服务器中注入大量的垃圾数据、错误数据，那我们的所谓的大数据决策还是正确的吗？那可能适得其反。

接下来我想跟大家再回顾一下从2014年到现在的国内外网络安全事件，大家可能对网络攻击没有太多的感知，事实上每天都在进行，网络的对抗是非常激烈的。

2014年1月，国内通用顶级域的根服务器忽然出现异常，导致腾讯、百度、京东、优酷等众多知名网站出现DNS解析故障。"断网"的原因与DNS故障有关，主要是受到了黑客攻击，导致国内2/3网站瘫痪，影响数千万网民。

2月，有一种潜伏在手机预装ROM中长达三年的"长老级"手机木马首次被发现，从2011年至今已衍生出十几个变种，最新变种会窃取用户手机号、IMEI 及地理位置等隐秘信息。

3 月，据美国《纽约时报》和德国《明镜周刊》报道说，美国国家安全局侵入中国通信企业华为的服务器长达 7 年之久，对其实施网络监控，监听所有的数据。

4 月，微软宣布停止对中国 XP 系统漏洞升级服务。中国目前至少有 2 亿用户正在使用 XP 系统，特别是政府、金融、通信、交通等众多机构和领域的计算机，微软停服将引发一系列的网络环境乃至社会安全问题。但是 360 和国内其他的安全公司都推出了 XP 永久免费服务，实现了这种长期打补丁的功能，所以很大程度上缓解了安全压力。同期，OpenSSL"心脏出血"漏洞影响至少两亿中国网民，全球有不少于 30% 的网站中招，其中包括购物、网银、社交、门户、微博、微信、邮箱等网站和服务。

7 月，公安部下发通知，要求各级公安机关今后禁止采购赛门铁克的"数据防泄漏"（Symantec DLP）产品，并尽快用国产软件予以更换，原因是该产品存在窃密后门和高危安全漏洞，在保护我们全国公安系统数据的同时，还把所有的数据上传到美国的服务器。同月，360 公司在全球首先发现特斯拉汽车应用程序流程存在设计缺陷；随后，在 7 月 17 日 SyScan360 国际信息安全大会上，来自浙江大学的 YO 团队也成功破解了特斯拉汽车，给火热的智能汽车、穿戴设备和物联网敲响了安全的警钟。

8 月，一种名为"蝗虫"的超级手机木马正在疯狂传播，感染该木马的手机超过 50 万部。该木马会发送"XXX（短信接收者姓名）看这个：cdn……XXshenqi.apk"的欺诈短信，诱骗用户下载名为"XX 神器"的手机木马，威胁用户的手机隐私安全。

9 月，"好莱坞艳照门"事件爆发，有外国黑客疑利用苹果公司的 iCloud 云盘系统的漏洞，非法盗取了众多全球当红女星的裸照，这份名单中共有 101 个女星，此次好莱坞艳照门也引发全社会对云服务、大数据和移动信息安全的重新拷问；9 月，大约有 500 万谷歌的账户和密码的数据库被泄露给一家俄罗斯互联网网络安全论坛，这些用户大多使用了 Gmail 邮件服务和美国互联网巨头的其他产品；9 月 25 日，360 互联网安全中心监测到上午刚刚发布网络风险橙色预警的 Linux 漏洞，风险指数持续飙升至 415，到达高度危险状态，360 安全中心连夜发布重大网络风险红色预警。

10 月 8 日、9 日，某政府部门官方网站受到恶意攻击，导致正常访问一度受阻。10 月 14 日，"沙虫"使用的 WindowsOLE 远程代码执行漏洞（CVE-2014-4114）样本已在网上出现，该漏洞被俄罗斯黑客组织利用攻击了北约、乌克兰等目标，在微软发布修复补丁前，360 网络安全风险指数第一时间进行了预警。

11 月，一种攻击苹果设备的新型恶意软件"WireLurker"在麦芽地、MacX 等多个下载论坛中爆发，黑客可利用该恶意软件对用户实施恶意推广、安装恶意程序等危害。经统计，目前已有近 500 款应用被感染，总下载量超过 50 万次。"WireLurker"是当前唯一存活的具备自动同时感染电脑和未越狱苹果手机能力的病毒木马。

12 月，索尼影业公司被黑客攻击。黑客对索尼影业公司发动的这次攻击的影响令人感到震惊：摄制计划、明星隐私、未发表的剧本等敏感数据都被黑客窃取，并逐步公布在网络上，其中甚至还包括索尼影业员工的个人信息。预计此次攻击给索尼影业造成损失高达 1 亿美元，仅次于 2011 年被黑客攻击的损失。

2015 年 1 月至 4 月，发生了以下重大信息安全事件。1 月 20 日，斯诺登文件（但并未公开）指出，来自 BBC、路透社、《卫报》、《纽约时报》、《法国世界报》、《太阳报》、NBC 以及《华盛顿邮报》的记者们成为被攻击对象，尤其是与国防有关的"调查记者"；2 月 4 日，黑客入侵白宫系统，获取总统未公开的行程安排等；2 月 8 日，汇丰银行文件被泄，其瑞士分部协助富人逃避税务并隐瞒了价值数百万美元的资产，文件涵盖的日期为 2005—2007 年，暴露的账户约为 30000 个，资产总额将近 1200 亿美元，是历史上最大的银行数据泄露事件；2 月 26 日凌晨 5 点，黑客组织 Lizard Squad 攻击联想官网，该公司的电脑捆绑了称为快鱼的加密广告程序，引起大量用户不满；4 月 1 日，美国总统奥巴马首次签署授权对跨境黑客进行"制裁"的总统令。

大家可以看到，网络攻击事件无处不在，时时在发生，而且性质越来越恶劣，威胁越来越严重。2014 年 PC 及安卓漏洞、手机恶意程序增长迅猛。仅 2014 年全年来看，全球遭受网络安全事件影响的用户就达近 11.3 亿人；移动系统漏洞也大幅增加，同比增长 6 倍以上。

二、智慧城市及其安全威胁

什么是智慧城市？智慧城市是充分运用物联网、云计算、大数据分析、移动互联网等通信和信息技术手段感测、传送、分析、整合城市运行核心系统的各项关键信息，从而对包括民生、环保、公共安全、城市服务、工商业活动在内的各种需求作出智能响应。智慧城市建设在国外已经有近十年的发展史，比如 2006 年，欧洲 Living Lab 组织发起了欧洲智慧城市网络，新加坡启动"智慧国 2015"计划；2009 年，美国迪比克市与 IBM 合作建立美国第一个智慧城市，日本推出"I-Japan 智慧日本战略 2015"，韩国通过了 U-City 综合计划；2010 年，瑞典斯德哥尔摩被欧盟委员会评定为"欧洲绿色首都"，丹麦哥本哈根有志在 2025 年前成为第一个实现碳中和的城市。

从国际智慧城市建设的实践思路看，美国纽约城市建设的主要导向是以政府为核心，提高公民和社会服务能力、有效的资源管理和利用、加强保障社会和公众安全及保持可持续发展环境这一保民生和维稳定的战略。新加坡"智慧国"四大战略则主要是围绕发展经济这一目标。

我国智慧城市建设的三大战略目标是保民生、维稳定和促增长。智慧城市建设的三大模式，第一是以信息基础设施建设为主导，以信息技术和城市信息化基础设施作为建设智慧城市的路径，比如南昌。第二是以发展智慧产业为主导，将建设智慧产业作为智慧城市建设的核心，比如说江苏的昆山和宁波。第三是以推动行业应用为主导或者先导，以发展民生行业的智慧管理和智慧服务为重点，比如云南昆明和重庆。

国内这些年一直在为智慧城市的建设打基础，包括立法、规范基础设施建设等，我们现在已经进入了智慧城市的快速推进期，到2014年底已有400个城市宣布建设智慧城市，而且这个数量现在还在增加，智慧城市建设已经从概念导入期进入了快速推进期，而网络安全正在成为智慧城市发展所面临的重要挑战。

习近平总书记一直强调"没有网络安全就没有国家安全，没有信息化就没有现代化"，网络安全与信息化乃"一体之两翼、驱动之双轮"，既要解决网络安全问题，也要推动信息化发展。在2015年博鳌论坛上，习主席的讲话中还特别提到我们整个亚洲所面临的非传统的安全威胁，其中第一个就是网络安全的威胁。

为便于理解，我们可以把智慧城市建设分为几个层次，第一个是硬件层，第二个是数据层，第三个是应用层。在今后面临的安全威胁中，我们的硬件终端、设备应用和大数据更容易成为攻击的目标，从而导致重要设施被攻击，核心或隐私数据被泄露，政府网站被篡改。下面是近期我们所了解和发现的一些在智慧城市建设过程中已经发生过的安全事件。比如知名连锁酒店桔子、锦江之星、速八、布丁，高端酒店万豪酒店集团、喜达屋集团、洲际酒店集团存在严重安全漏洞，房客开房信息被泄露，还可对酒店订单进行修改和取消，越来越多的用户开始使用酒店官网及手机APP订房，在要求实名制入住的酒店业，对用户隐私信息的保护无疑是一项巨大挑战；大连部分11路公交车LED显示屏被黑客攻破，屏幕显示为"请注意，系统有漏洞"、"路人甲到此一游"；西班牙因为缺乏必要的安全控制，西班牙智能电网发现漏洞，一旦遭受黑客攻击，不但会被偷电，还会导致西班牙大面积停电；银行闪付功能被黑客利用；D-link新推出的产品云路由发现存在高危漏洞；被广泛应用于智慧城市、智能交通、重要场所的大华摄像机存在多处安全漏洞；国内多个城市医保网站和医院被黑客入侵，医院的病人数据被泄露出去，这是我们智慧医疗所要考虑的一个重要的安全问题；安徽宿州车辆违章系统被入侵，违章数据泄露；宝马汽车的智能汽车系统被曝出漏洞，还有三星智能电视被曝出安全漏洞，大家可以通过你的电视摄像头看到你家里的所有的情况；还有 12306 网站注册用户实名信息被泄露等等。

最后，我想讲一讲在智慧城市建设的进程中，360 作为世界用户规模最大的网络安全公司，可以为智慧城市建设做什么？我们所有的操作系统，我们所有的设备都是连接在网上的，那么现在的基本攻击形态是什么？第一步肯定是攻击我们的国家电网，让电网大面积瘫痪；第二步一定是攻击我们的水利系统，让大坝泄洪或控制城市用水；第三步攻击交通指挥系统；第四步攻击能源设施；第五步是攻击我们的军方设施。这就是为什么 360 一定要参与到智慧城市建设的网络安全防护工作中来。目前 360 企业版安全软件已经为国家电网公司、重要的政府机构等 100 余万家机构、数千万终端进行安全防护了。

360 是一家民营公司，但经过这十年的积累已经成为全球用户规模最大的互联网安全公司，在全国拥有 5 亿的 PC 终端用户，360 安全卫士的覆盖率达到 95% 以上；在全国拥有 7 亿的手机用户，360 手机卫士的覆盖达到 70% 以上；每天接收全国网民与合作伙伴的病毒查杀请求高达 700 亿次。360 现在已经成为东半球规模最大的白帽子军团，360 为什么能够成为国家网络安全最主要的技术力量呢？

一是我们充分发挥了中国人的智慧，不断创新，把东半球最强的网络安全技术人员结合在一起而形成的这样一种技术力量；

二是首创了云查杀技术。现在每天新增 500 多万个病毒样本，传统的更新病毒库的查杀方式数据库更新慢、效率也低，因此 360 在世界上开创了云查杀技术，现在已经被全世界的安全公司所采用；

三是首创了白名单和沙箱技术。白名单的概念与黑名单相对应，如果设立了白名单，则在白名单中的用户（或 IP 地址、IP 包、邮件等）

会优先通过，不会被当成垃圾邮件拒收，安全性和快捷性都大大提高。沙箱是一种按照安全策略限制程序行为的执行环境，用于测试可疑软件，为了试用某种病毒或者不安全产品，将它们在沙箱环境中运行。现在每天以海量速度新增的未知程序就会进入到沙箱中进行测试，只有被验证为安全的程序才会放行，并进入白名单中，所以这两种技术可以拦截未知的威胁。

四是360"云＋边界＋端"的立体防护体系。通过对终端、边界设备进行攻击检测，对流经边界的网络流量进行全流量检测，从而对发现的攻击行为，由云、边界和端三方协同进行阻击。

五是360漏洞挖掘优势。我认为对智慧城市建设网络安全来说，当前所面临的最主要的一种安全威胁就是漏洞攻击。因为我们在网络基础设施建设的底层安全设计方面还比较薄弱，像美国在十几年前就已经投入了巨资对网络基础设施建设进行了安全加固。我们发现基本上所有的基础硬件都有漏洞，所以安全公司在黑客之前能够先发现硬件和操作系统的漏洞，然后及时打上补丁进行防护是重中之重。360作为东半球最大的白帽子军团，其最大的优势就在于能够及时发现漏洞，比如说360向微软报告安全漏洞已获得微软公开致谢68次，全球首个成功破解特斯拉智能汽车等等，还有一系列的硬件产品，我们都把挖掘的漏洞细节提交给这些相关部门，并进行打补丁防护。

六是攻击威胁情报。在网络攻击大数据分析方面，360具有得天独厚、长期积累的网络攻击威胁的丰富数据，通过对大数据分析得到的威胁情报，可以对即将发生的网络攻击威胁进行预判，也可以在发生攻击后溯源和提供证据。

根据演讲者2015年4月21日在"智慧城市与城市现代化专题研讨班（第2期）""第二届中浦智慧城市论坛"上的发言录音整理

责任编辑：张伟珍

封面设计：吴燕妮

图书在版编目（CIP）数据

智慧城市理论前沿与实践进展 / 楚天骄 编 . —北京：人民出版社，2017.11

（中浦院书系 · 大讲堂系列）

ISBN 978 - 7 - 01 - 017947 - 6

I.①智… II.①楚… III.①现代化城市 – 城市建设 – 研究 – 中国 IV.① F299.2

中国版本图书馆 CIP 数据核字（2017）第 174828 号

智慧城市理论前沿与实践进展

ZHIHUI CHENGSHI LILUN QIANYAN YU SHIJIAN JINZHAN

楚天骄 编

人民出版社 出版发行

（100706 北京市东城区隆福寺街 99 号）

北京市文林印务有限公司印刷 新华书店经销

2017 年 11 月第 1 版 2017 年 11 月北京第 1 次印刷

开本：710 毫米 ×1000 毫米 1/16 印张：11.75

字数：163 千字

ISBN 978 - 7 - 01 - 017947 - 6 定价：24.00 元

邮购地址 100706 北京市东城区隆福寺街 99 号

人民东方图书销售中心 电话：（010）65250042 65289539